Low

By

JOSEPH GRAY

LOWRIE

BEING A HUMOROUS ACCOUNT
IN THE DIALECT OF INCIDENTS
IN THE LIFE OF
A SHETLAND CROFTER

By
JOSEPH GRAY

Illustrations by
F. S. Walterson

THE SHETLAND TIMES
LERWICK
1991

First Edition, 1933
Second Impression, 1934
Second Edition, 1949
Third Edition, 1991

© The Shetland Times Ltd.
Illustrations © F. S. Walterson, 1991.

I.S.B.N. 0 900662 70 0

Printed and published by
The Shetland Times Ltd.,
Lerwick, Shetland.

PREFACE TO FIRST EDITION

After the numerous and excellent articles which have been written on Shetland and its dialect, it is with diffidence that I present, in this more permanent form, these few sketches or talks in the mother tongue, which have appeared from time to time in the columns of *The Shetland Times*.

In several of the articles, I have endeavoured to depict modern inventions, fashions and scientific developments, as seen through the eyes of an old man. If these can recall youthful incidents, or raise a smile on the faces of natives of the Old Rock, exiled from the land of their birth, I shall consider that the purpose for which they were written has been accomplished.

I do not claim that the spelling of the dialect is correct, or even according to accepted custom, as there exists no standard in dialect spelling which can be followed, but as far as possible the words are spelt phonetically.

JOSEPH GRAY

LERWICK, SEPTEMBER, 1933.

Contents

A Wrastle Wi' A Hen	9
Lowrie Buys A Ford	12
Lowrie At Da Exhibishon	17
Lowrie At Da Zoo	21
Olie Kills His Grice	27
Lowrie On Vitamins	30
Gibbie's Hame-comin' (Scene: A Shetland Cottage, 1936)	33
Lowrie's Advice To Joannie ("Bide Whaar Doo Is")	36
Lowrie Tries Artificial Manure	43
Lowrie's Veesiter	48
Lowrie's Mistak' An' Weemen's Fashins	50
Lowrie Seekin' Wyracks	53
Lowrie At A Picnic	58
Da Meenister Veesitin' Lowrie	62
Lowrie's Trisht Wi' Dugs' Collars	64
Lowrie Efter Troots	67
Lowrie On Evolution	71
Lowrie In Hospital	74
Oh! Da Sorrows O' Dis Wireliss	81
Sent Airrents	83
Lowrie Dines In Hillsook	85
Lowrie With A Geologist	93
Lowrie On Mort Caalds An' Silage	100
Lowrie's Draem	104
Lerwick — A Glimpse Of The Past	108

Lowrie Up Against Da Laa	111
Lowrie Starts Motor Repairs	115
Osla's At-Hom	118
Lowrie Posts A Parsell At Lerook	125
Lowrie An' His Grice Stye	130
Lowrie In Dry-Dock	134
Mooratoogs	136
Lowrie An' Da Wadder Forecast	138
Lowrie At The Power House	140
Lowrie At Da Pikters	144
Lowrie At Up-Helly-A'	148
Da Truith Aboot Da Wallrush	153
Spring Cleaning	155
Jarm's Haircut	157

A Wrastle Wi' A Hen

SITTIN reedin da paper ee nicht, I cam apon a noteece whaar dey hed dis paatent hens ta sell, ye ken yon eens wi da kurrious names it lays aa da year roond. So Kirsie tocht hit wid be fine ta hae hens laek dat, an' we planned ta buy een first fur a trial. Whin I took da mony an guid ta fetch da hen, wha did da owner turn oot ta be bit a freend o' wir ain. Shu cam ta be a sister-in-laa till a sekond kushin o' me graandmidder, so yon wye bein' sib, I got da best hen it shu hed, a "Wandot Pootra" shu caaed it, an' heth I tocht wi' a big name laek yon it da eggs micht be brawly big tu. I aksed her fir a bag ta kerry da hen atil, bit shu said, "Man, tak her attween your haands, bit noteece it shu's aye lookin' i' your face, da eft end ootermist." So I grips an' kerries her ta da hoose yon sam wye, an' gits Kirsie ta faetch me a kishie ta set her atil afore I got a cup o tae, an' fan some wye to stow her, whaar shu widna tullie wi' da auld eens. Bit da Loard bliss me, I wisna lippit me tae afore I tocht da hoose wis comin' doon. Da cat wis gene up ta look at dis new incomer, whin shu raise wi' a yall laek a steemer, an' whin I got me hed slooed roond, here wis Robbie Burns aff o' da waa, staandin' ipo his hed i' da paet bass, an' Nelson's ship da "Victory," followed him atil a tub o' blots, naethin' up bit da coarner wi' "ENGLAND EXPECTS" i' muckle letters. Trath, I wiss I haed a kent whit ta expect whin I brocht da haethin' in. Onywye, I made a dive fir her whin shu wis apo da tap o' da klok, bit I micht as well a tried ta grip da mirry dancers, shu juist flachtered ta da bed wi' Kirsie's hair net wupid aboot her feet, an' da bits a' broches at shu wis hed at da meetin' stikkin atil it. I kushed an' kirred, cried "shug, shug" an' "sig him," an' oesed aa da hen wirds I cood tink aboot, besides twartree foc'sle eens I hed nearly forgotten, bit hit wis aa da sam. Doon comes a bottle o' St. Jacob's Oil apo da haet stove, an' nearly scomfished wis. Kirsie tried ta grip her annunder da stove, bit da wings o' da bruit wir gooin' laek a pair o' bellows, blaain' da soet an' ess athin her face, till shu wis a picter o' a Zulu, an' whin Kirsie hed ta slip, takin' da tail pens wi' her, me ledy got aff an' laanded ipo da tap o' my aer o' tae (at I wisna hed time ta preeve) skailin da lame ower da face o' da airt, an' dan wi' a butter biskit clatched apo every fit, settled apo da velvet kolar o' me Sunday kot.

Bi dis time da hoose wis dat foo o' fedders (an' me pechin laek a neesik), at I wis sookin dem i wi' every back-draa, stoppin' noo an' dan ta host up a haandfoo. I tocht I hed her wance, atween da coarner o' da dresser an' a haethin idol at Robbie sent frae Bombay, bit da vegabond laid da idol in shalmillions an' got aff agen. Her nixt laandfaa wis i' da bits o' windoo coortins at Kirsie wis bocht at a sell. Dey wir oarnamented wi' trowie cairds, an' afore I cood win till her wisna her claws wittered athin yon patterns an' sklented dem frae tap ta fit.

Kirsie wis joost burstin' wi' grief, an' nivver noteeced fill I yalled "Lass, da trooker is won apo da rep, richt abune dee hed," an' is da rep wis swying da venom coodna sit, so whin Kirsie lookit up I be helpit if shu gotna da claas o' her richt athin da livin' eye. Ta save Kirsie I med a bool, an' firyat aboot da tub o' blots, platchin' richt in ta da mid leg, shappin' up da auld "Victory" (sam as da French wid a laeked till a don at Trafalgar), an' sendin' a tidal wave o blots ower da haet stove, so athin a meenit nedder hoose nor hed cood be seen fur steam. Efter da steuch aised, I got Kirsie up ta da windoo, an' clewered aa da butter an' dirt (aff o' da hen's claas) oot o' her een, an' saa, fir a mercy, at da baal wisna hurtid. Dan we hed a leuk fir wir hoos-brakker agen. Her wis da fiend won apo da skelf whaar Kirsie keeps her bakin' things. Trath, tinks I, I'll hae her noo, an' recks fir me auld soo'waster, bringin' him doon wi' vengence richt apo da tap o' her. Bit you'll no hinder me, whin I got me een an' whiskers cleared o' krem o' tarter an' karvie seeds (it wis rattlin' aboot da hoose laek a hail shooer), ta fin at I wis only struckken da place whaar da haethin hed been, so, whin da clood o' flooer settled, I get a glimpse o' her reisslin among me papers i' da bookpress, tryin' ta git a fittin' on "Social Reform", an' at da sam time rivin' da "Life o' Gladstone" an' da "Saints' Rest" juist in ribbons.

Bi dis time Kirsie wis taen wi' a flachterin at her hert, an' efter shoelin awa da brokken lame shu dippit her apo da kist lid fur a rest. While I wis kjuckerin aboot her an' doein me best ta revive her, da door bangs open an' dere wis twa de'il's buckies o' boys (nae doot attracktit wi' da melody inside) staandin lauchin an' yallin' "Lowrie,

Lowrie, pit saat ipo her tail.'' "Feth", says I, "yer tails 'ill be weel aated if I git a hadd o' you." I kent I wis nae beauty ta leuk at wi' karvie seeds stikkin aa ower me sweaty face laek a man wi' da sma'pox. So I yanks me airm oot anunder Kirsie's hed an' maks fir da door. Bit dey wir aff laek speeders afore I cood win tae dem, an' is I booed me doon ta fire a bungle at dem, oot comes da "Wandot Pootra," screechin laek mad, an' da hidmist I saa o' her wis makkin fir Runess Hill. I juist gae wan heavy sych, an' sed, "Oh! da De'il follow dee!"

Shu raise wi a yall laek a steemer.

Lowrie Buys A Ford

KENS doo, Olie, A'm fun oot noo, it if a man is oot o' da fashon he micht as weel be oot o' da world, sae A'm geen an' dune it. What sorro is doo dune noo? Weel, says, I, A'm boucht a kar. Doo's what! A'm tald de, I boucht a Ford a Tiseday whin I wis i' da toon. Bit why did doo no tak her hame? Weel, if doo'll no say onything ta wir fok, I sall tell dee da hale story. I, I, dey'll hear naethin' frae me, A'll be as close as a yoag. Weel, shu's staandin' apo da side o' da rod, atween Uresland an' da Loch o' Straand, I wan dat far wi' her, bit da man is gaein ta tak her back ta mak som (I tink he sade) structural alterations ipon her. Weel, Lowrie, doo wisna drivin' deesel? Dat wis I, bit young Joannie o' Gord wis laernin' me.

Man, Olie, dir a pooer o' things ta fin oot aboot dis kars. Joannie, doo kens, is been plaigin' me ta get a kar ta mesel noo fur lang; he kens aa aboot dis Fords. Doo minds, he drave da van dis simmer. Hit wis wi' him I wan ta da toon. He says, I ken a place, Lowrie, whaar doo can get a shape Ford, an' doo sood geng alang an' leuk at dem. Weel, dat I can, it can du nae haerm ta leuk at dem, so Joannie draps me at da door o' da place, an' guid on as he hed a lok o' sent airrents ta mak. I gengs in trow an' meets a weel-set-up man rookin' awa at a siggeret. Guid day, says I. Good day, says he, what can I do for you? Weel, dat's no muckle aless you cood gie me a guid sekond-haand kar shape. Oh, you want to buy a car? Just step this way, I'll show you a beauty. So I follows him, wadin' among a lok o' dem, bit heth I hed ta noteece fur I got a clatch o' marrow fat apo da leg o' me breeks aff o' ene o' dem whaar a boy wis greesin da waptree. Dan da man says, can you drive? Na, says I, A'm driven ault Meg i' da cairt, an' A'm steered a ship, bit A'm nivver tried ony o' dis contrapshons yet. Never mind, says he, here's the car you want, and I'll learn you in an hour. What caa ye dis een? Oh, says he, its a Ford, not an ordinary, but what we term a Super-Ford — spring suspended, front and rear, transparent wind-screen, engine fitted with four pistons, so, if one breaks you still have three to carry you home, a differential carburettor, enabling you to use different kinds of petrol, floating rear axle for boggy ground (keeps up the back end you know), coach built silencer, thermo-syphon clutch, and many other improvements. Bit, says I, what hae he dis swingle-trees annunder da fore end o' her for? Oh, that's the radius rod, for turning corners, it keeps the radius of the circle. Dat 'ill be true, hit's aa needed. I hoop dill be pooer enouch itil her. Power, why she will easily take you up the Stoney Hill on top. Dat maybe, bit wi dis wadder, I wid redder sit inside. Noo, says I, wi' aa dis impruvements, ye'll be wantin' a boannie pennie fur dis een. Oh no, quite cheap, my figure is just eight pounds. I hear you. I warren ye hae nane shaper? No, none that I could recommend. Dan ye coodna tak me auld cairt in apon her? Oh, no, carts are not in my line. So, A'll tak her, here's you da eight pounds, hits juist what I got frae da ungtioneer at da green fur me quaig, bit I wid laek ta see her gaein. Right, says he, I'll start her up, so he grinds awa, aye wirkin' some handles, bit never a paech oot o' her. Says I, will I hae ta grind laek you every time? Certainly not, its just the temperature affecting the viscosity of the lubricant. Oh, is dat aa, I toucht hit wis maybe da oil sturkened aboot her wi da cauld. Dan he bade a shield jeck her up. Says I, ye're swaetin, I sall spell you. I tink he wis blied ta slip, an heth sae wis I, fur efter da first turn, da plaiged thing gae me a kniult apu me aerm an' benumbed me. A'm trooly no da better o' hit yit. Bit he tried agen an' aff shu gengs wi' a roar. Doo kens, Olie, I wis laernin' aa dis time, bit at lent we gets her furt, an' be yon time Joannie wis come, an' plaesed he wis it I wis gottin her.

Says I tae da man, I dunna tink ye need come wi' wis, fur toe I say it mesel, A'm brawly glig i' da uptak, an A'll shune laern wi' Joannie. So aff we sets alang da shore. Dey wir a hoarn fixed till her, bit we nivver oesed him. Da fok aa seemed dat blyde ta mak room fur wis. Joannie wis steerin' fur a start, whin he says, tak doo da wheel, an' steer her ootby. So I du's sae, an' he sat geein' me destructions what ta du. We wir come a braw bit whin ene o' yon cleenin' men, wi' a lipperin' borrow an' a bussum apo da tap o' him, guid ta cross wir boos. I med twa teks ta shaw him it we cood edder geng ahead or astarn o' him, bit da stoopid body set down da borrow an' fled. I wid a still cleered him hedna a vild iron heuk thing stikkin' oot fae da tram, rickit athin wir front wheel, an heth da first I sees is da borrow followin' da wheel round, an' tuumin oot what wis atil him aa ower da boos o' da kar, every duse makkin' him peerier fill dey wir naethin bit da ormals left, dan Joannie yalls stop; bit shu juist stoppid hersel. Says I ta Joannie, what kind o' petril is dis it we're gotten. Man, dey wir a vild kniff wi hit. Petril, says he, look oot ower, an' I be helpit if we wirna dekorated wi' neep peelins, tay-laves, an' dishcloots. Says I, yon's maybe what's stoppit her, som o' da neep peelins gene in trow da roostid hol apo da engine lids, an woupid aroond da axel. Bit we'll hae ta try her again, Joannie. He gengs oot an' gets her ta go. Says I, noo it shu's annunder wye, we'll geng along da fish markit. Doo kens dey wir a roop dere, an' I boucht a iron bed, twa muckle pots, an' some lame. Da bed wis ta peerie Janey. Da taecher wis tald her dey wir mair higeenik, dat shuurly meens hicher frae da fluer, an cauld ta pit yer feet till, onywye we sall tak it hame wi wis. Noo dare doo sees, Lowrie, he says, da kar is peyin' fur hersel alreddy, hit wid a taen a braw sontin till a gottin yon hame wi' da Earl, an' dan dir nae faer o' onything happenin' till it, sam is dey hae apo dir papers, Restraint o' Princes, Rats, Pirates, an' Barratry. Dir naethin' laek dat wi' a Ford. Na, says I, nedder dey ir, bit git doo hit aa stowed in eft. Doo kens da engine wis rinnin' awa, an' as Joannie stoed up ta pit on his kot; says I, what ill helt hae he dis handle stikkin' richt in a body's houghs? So I gae hit a shiv frae me, bit I wiss I hed left hit alane, fur da kar juist made wan spoot laek a mad horse, an' I toucht me neck wis nippit, an' Joannie, he juist vainished back ower, baith his feet gaein trowe da muckle windoo afore me, lavin' naethin' bit da frame.

Da kar guid a bit an' dan stoed, I looks ahint, an' here wis Joannie lyin' wi' his head in een o' da muckle pots, an' his top kot spred apo da stoops o' da iron bed laek a coo's hide dryin' fur rivlins. Hit wis a mercy he wisna misheaved himsel, bit I saa naethin' bit a imy reeb apon his broo, an' I nivver leeted, fur he wisna weel plaesed, mumblin' aboot clutches an' things laek dat. We gits annunder wye again, an' as we cam oot da nort rod, says I, Joannie, wha is dis it's sweein sheep's heads? He says, I don' know, dir aye sweein sontin oot dis wye, bit I saa him scoitin' whaar da steuch wis comin' fae, whin he yalls, look at dee feet. I does sae an firyat aboot da wheel. Bit klivver wis Joannie an' mittened him, or dan dey wid a bune nae staandin' stanes noo, fuyr I wis slewed richt fur dem. Bit my Olie, whin I reckit doon, here wis my green an' majenta gravit wi' da yallow tossils (it Kirsie wis juist med aff a Setterday) lyin' wi' twa nuckle o' him colkoomed apon a vild haet noopie o' da engine at dey wir hed nae room fur forrard by da partishon. Joannie sade hit wis fur want o' advancin' da spark. Heth, I toucht dey wir anyoch o' sparks athoot me makkin' mair, so we guid on, an' whin we wir comin' by Frackafield Joannie says, I tink shu's missin'. Wha, says I? (fur I kent we hed nae wuman passenger ta faa oot ower). It's da engine, man. Na, heth, says I, shu's here yit, I can see pairt o' her trow da sems. Man can doo no understaand, hit's da spark, boo doon an' lissen if ony o' da selinders is no firin'. So ta plaese him I du's sae, bit sorro' thing I heard bit da sam auld dirl. Dan he gees me a bung ipo da back, an' sade, dat wis a close shave. What? says I. Weel, look ahint, an here wis da Rod Rowler gaein full steam ahed towin' da housin' scheme ahint her. Says he, dey wirna da tickness o' a bee's wing atween wis. Hit trooly wis a mercy it I wisna steerin', doo kens I wis lissenin' fur yon thing it wis missin' an' nivver heard her.

We guid on a bit again, takkin' da wast side o' Dale, an' I toucht shu wis duin' fine fur dey wir a pooer o' steam comin' oot da safety valve. All at wance Joannie says, dwine it (I think hit wis dwine he sade), we're lost compressions. Heth, says I, hit's a winder doo's no lost sontin afore noo fur I can see da rod oot trowda tilfers, bit A'll hae ta try her again, fur I maun laern afore I win hame. So I taks a trick at da wheel, bit why wisna dis rods med a coarn wider, fur I hed me a trisht keepin' da haethin' oot o' da stanks. Noo I wis prood whin I wan by da Windy Grind an' doon i' da vaelly, whin twartree sheep took it i' dir heads ta andoo across da rod. Noo, I didna laek ta hurt da bruits, so gees da wheel a spoke or twa ta port, bit doo'll no hinder a tillygram post ta come richt i' me rod. Man, I claps baith feet apon as mony o' yon nobs as I cood cover, tinkin' da haethin wid com backlins, an' I shiggled yon spune hefts annunder da wheel back an' fore, bit sorro' a muuve. Joannie, he keepid yappin aboot a watery grave i' da Loch o' Straand, an' wantid ta tak da wheel. Na, says I, if dir wan thing I laek, hit's ta persevere. So we gits her pooed apo da hard again an' maks anidder start. Bit why sorro' du's dis tillygram fok set dir posts sae close tagidder, fur I wis nae shunner claer o' ene afore I wis in till anidder. Heth, A'll spaek ti' da inspector aboot it, fur he'll truly get him ruined aless he sets dem farder apaert an' keeps dem aff o' da rod. Be dis time shu wis mair trachy ta steer, fur I hed ta pall me feet ta git da wheel aroond, an' shu aye wantid ta rin widdergaets. Bit whin we strak da hidmist post, dey wir an odious skruul eft, an' Joannie jimps oot. Says I, what's dis noo? Oh, says he, hit's da back end. Weel, man, dat end is bune gittin pace, no laek da boos o' her. Onywye, he says, it's good-bye fur dis trip, da croon bevel is stripped. Says I, dir shuurly sontin faain apon hit fur hit wis hale an' feer whin we left, bit I hae a scaar o' tow here, cood we no woup it up ta kerry wis hame? Kens doo, Olie, he leukid at me da sam as if I kent naethin' aboot kars, an me driven ene fur fower solid oors. I juist sade, what 'ill we du noo? Says Joannie, hit's only a peerie stramp ti' da office. A'll geng an phone ti' da man doo got her fae, an get him ta tak her back. While he wis awa I took me a bit o' tow an' tied up da splash buirds, it wis a hingin' doon aboot da wheels laek da lugs o' yon dug it dey caa da water spanyard.

Spaekin' aboot water, man dey wir a pooer o' haet water rinnin' oot o' yon wirm-aetin laek thing apo da boos o' her, bit I cood mak naethin' o' hit, fur whin I stappid up ee side wi' a fael hit juist cam as fast oot da tidder side. Wi yon Joannie comes back an' sade efter he wis tald da man what we wir geen trow, he sade he wid fetch her, an' it shu wid laekly need some structural alterations an' maybe tunin' up. He sade da mail kar wis juist ahint wis an' we wid better win hame wi' her.

So we catched her, got wir proil abuird, an' wan hame. Bit, Olie, for Guid's sake, nivver leet ta wir fok fill I bring her hame, or A'll nivver hear da end o' hit frae Kirsie.

Lowrie At Da Exhibishon

OLIE wis hed a len o' my iron last, an' I wis needin' him, so I guid ower fur him a Setterday nicht. Whin I cam in, says Olie, "Boy doo nivver tald wis what why doo got on wi' yon trip o' dine." "Weel," says I, "A'm hed nae shance. If coorse doo kens da wye o' hit."

Gibbie cam ta Leith, an' him bein' bo'sun, he hed ta stick be da ship an' coodna win hame, bit he sent wis wir fraucht, an' bade wis come an' see him, so it da wye it da hairst wis in, Kirsie an' me tocht we wid geng. Kens doo, we got a braw guid passage, Kirsie spuued a coarn, bit hit wis naethin,' an' fur aa da wadder he wis, we cood as weel bune apo Eelawatter. Weel, atween sleepin' an' waakin', an' leukin' at da sheep, we wan ta Eberdeen, an da wye it da steemer hed ta lie a start, we beguid ta hae a leuk aboot wis. Whin we wir comin' doon trow yon grittest street i' da toon, Kirsie shu noteeced a muckle paper stukken up wi' HOME INDUSTRIES EXHIBITION. Shu says, "What tinks doo 'ill dis be, Lowrie?" "Weel," says I, "Hom' Industries, dat 'ill juist be makkin' socks, an' taated rugs, windin' simmints, an' maybe baitin' lines. Dis 'ill be whaar dey shaw fok new wyes o' doein' hit, bit we sall geng in an' see."

I got a kind o' gluff whin we wan ti' da entry, fur dere wis edder a Gineral or a Admirl, deckid wi' gold baands, an' aboot a pound's wirt o' haf-a-croons strung across his breest. He wis shuurly left his purse apo da brace, an' hed dem hung yonder fur haandiness. Says I, "Sir, is dis da richt gaet in, an' foo muckle pay dey?" He juist leuks up an' doon ower me an' sade naethin. Kirsie harks at me, "He maybe dusna onderstaand dee, boy." "Oh, heth, maybe, bit I sall try him wi' a coarn o' Joannie o' Gord's English it he cam hame wi' efter da tree mont apo yon fore aan' eft schooner." So I cants me kep ti' da side, straightens me back a' coarn, gies a craikse, an' says till him, "I guess, stranger, yer sure kant arf figger hoo mony dollars it taks ta win athin dis darn show?" I tink dat did him. He grointed, "Tickets one shilling each, first door on the right." Tinks I, hed doo bune sib edder ta Willington or Neelson doo micht a sade, Com' dee wis in trow, Lowrie, an' hae a gless o' beer. Hoosumever, we gengs ti' da door, I buys a ticket, an' een ta Kirsie tu, bit we wir only won a peerie bit in trow afore annider man wantid da tickets frae me, bit I tald him it I wis paid fur dem. Aa da sam, he widna lat wis geng farder fill I gae dem till him. I juist sade ta Kirsie, if he tries ta pit wis oot afore da time becaas we hae nae tickets, heth dey'll edder be a dokter or a funeral needed.

Onywye, we begood wir roonds. We wir won fornenst da first shop thing, whin a sheeld wi' sleekid hair stops wis, an' says, "This way, Sir, you are just in time to see the demonstration of Electric Labour Saving Appliances," so we stuud. He grips a pritty sheenin'-laek tay-kettle, an' poors a coarn o' watter an' sets hit on da coonter, an' Guid bliss me, athin twartree meenits he wis rampin an' boilin' athoot a spunk near him. Kirsie gies me a putt. "Boy, buy een o' yon, hit wid juist be a aucht ta ☐ ti' da hill wi' wis at da paet time or ta da cru whin we wir rooin'. So I guid ta lift hit ta see what weicht wis atill hit, whin I noteeced he hed him teddered. Says I, "We'll no need da tedder, he'll no rin awa frae wis." "Oh," says he, "That's the wires carrying the current supply. By the way, is your current alternating or direct?" "Weel, Sir," says I "hits no sae money we oese. Kirsie wirks in twartree in a dumplin' no an' again, bit Guid kens whaar dir grown, bit if ye need a tedder laek yon apon him, dan he wid nivver shoot wis fur da hill ava." So we left him. I tink kens doo, it dey kent we wir comin', fur dey hed everything reddy ta shaw wis.

Da neest place we cam til, da man tald wis ta watch da performance of the one and only Wonder of the Age. I tink he caaed hit a Electric Faacom-cleaner. "Noo heth," says I, "dis is sontin we ken aboot, alto we aye oesed ta tak wir faa's ti' da burn, bit shuurly wi dis macheenery dey'll get da faa ta com' cleaner." So we watched, bit I saa nae faa, he juist spilt a coarn o' flooer at Kirsie's fit, an' dan cam' wi' yon oobin thing wi' da kotten bag ahint it, an' ran hit ower the flooer, an' heth, hit sookid up every dunn. Says I till him, "Whaar's da faa?" "Beg pardon." I says, "Whaar's da faa it ye wir gyaan ta cleen?" "Beg pardon." "Da faa, da faa, ye ken, da lackie, da lungie, an' da king's hood." "Oh," says he, "I understand you. Yes, Sir, this machine is used in the royal household, and by all the crowned heads of Europe for cleaning their hoods, garments, tapestry and carpets." Be yon time dey wir a odious crood o' fok gaddered at wir backs, I tink dey wir shuurly com' in ta see what we wir gyaan ta buy, bit I widna gie dem dat setishfection, so we waandered on an' left dem.

Man, what a pooer o' peerie shops wis yonder, (nane o' dem as grit as Mr Jeemson's een). We wir juist gotten aroond da coarner o' een whin a man in his sark sleeves cam boosin oot trow a door yallin' "This way for the Mannikin Parade, just commencing." Kirsie says, "Tinks doo, Lowrie, soon we geng in?" "Ya," says I, "dat we can, hit'll laekly be som' o' dis forin war bruck." So we paid trippence an' guid in till a shapel laek place wi' coortins draan across da inby end. Dey wir a braw twartree fok sittin' waitin', whin all at wance, da coortins opens, an dare wis twa lasses gyaan stroagin aboot cled in strippit slug things an' breeks, shuurly belangin' ti' dir bridders, dey wir makkin' fur a bed it wis staandin' dere. I just turned me hed an' gaand at a pikter apo da waa, fur I kentna what micht happen, bit Kirsie, shu wis watchin', an' gae me a putt. "Oh, boy, sees doo dat pritty coonterpeens." Whin I leuks, wisna da een pittin' da tidder een ta bed. Says I, "Hits time it we wir oot o' dis afore da mannikins begins." Wi' yon anidder twa cam' in wi' naethin' on bit nicht sarks. Says I, "Lass, com' furt, hits bedtime wi' dem," but shu widna muv, an' dere dey merched back an' fore ower da gengway, nivver tryin' ta hoid demsells ava. Heth, I tink dey wantid wis ta see dem, an' sae dey guid on, comin' oot an' in wi' hats laek bowls, aa kolers, some wi' lug flaps, an' some athoot. Da neest we sees is a pair o' dem comin' in cled in hairy jackets laek Yaks, wi' sorro' idder thing aroond dir necks bit buggie-flayed cats, even da very een wis dere, an nedder legs or tail wis cut aff. Bit ta croon aa, a limmer cam in wi' naethin on bit a coarn o' green muslin woupid aboot da lower pairt o' her, an' tied wi' twa bits o' stooks ower her bare shooders. Kirsie harks at me, "Yons a ball dress, Lowrie." Heth I tink shu wis nivver hed time ta pit hit richt aboot her, fur hit wis hingin' very tremskit laek, wi' lang points doon aboot her legs, kens doo, hit wis a Guid's mercy it da bits o' stooks held. Tinks I, hits sontin at dy time o' life, Lowrie, ta be wittin' stymin at a lok o' half naked lasses, so I raise, an Kirsie cam' dis time. Yon wis ee trippence lost, fur we nivver saa ony Mannikins.

Gyaan farder ben trow, I hears a soond laek a roaned Swabbie, an' whin we cam' fornenst da place, here wis a wife staandin' i' da middle o' a hush o' shaaved up lams' maet. Shu hed a kurrious laek kjnife in her haand, an' wis layin' att aboot whit hit cood du. Hit cood cut a carrot in tin sheeves, mak' scolloped tatties, an' I tink shu sade salads, bit I saa nane o' dem, hoosumever shu lade frae her an ruined twartree guid kidney tatties while we wir staandin' dere. Shu wantid me ta by een o' yon paatent tullys for haf a croon, bit I tald her it I cood cut as muckle lams' maet in haf a' oor wi' my auld tully as shu cood du wi' her new fangled thing ina day. Shu leukid at me (nae wye unceevil) an' sade wan wird, "*Perhaps.*"

So we guid alant ti' da neest shop, bit afore we wan dere we met een o' da men it cam' awa' wi' wis, an' he bade wis hurry up or dan we wid maybe loss da steemer, so aff we gengs. I tink Kirsie wis i' da grittest scad, fur shu minded it shu wis left da bundle wi' Gibbie's new strood o' inside claes lyin' i' da bed, bit hit wis aa ti' da fore whin we wan abuird, an' we wir juist in time fur dey wir lowsin da tows.

Bit, my Olie, sees do da clock. I wid need ta be makkin' hametrow if A'm tinkin' ta du ony grace i' da cobblin' line da nicht, bit I sall lat dee an' Willa ken what why we got on in Leith, som day it I hae mair time.

"*We'll no need da tedder, he'll no rin awa.*"

Lowrie At Da Zoo

YE ken Olie is a odious guid haand at ony wid wark, an' wisna he med a new sweerie ta Willa oot o' teckwid. I tink hit wis an' auld binnical he wis fun' at Blediwick. Onywye he wis bune tinkin' apo Kirsie's guidness ta his bairns, an' med een da very marrows ta her tu, fur whinever da peerie tings wis ower whin shu wis bakin', shu med dem peerie rabbits oot o' leven, stikkin' in twa curran's fur een. Dey wir owerjoyed an' wid sit watchin' da braand-iron fill dey wir reddy. Hoosumever, Olie wis sent ower peerie Joannie eence an airrent fur me ta come an' spaek wi' him, so I guid. Whin I cam, him an' Willa wis sittin' dir lief a lanes. Da bairns wis awa prakteesin' fur een o' yon playacktin things i' da Hall. So efter geein me da sweerie, an' tellin' me aa aboot hit, Willa says, "Noo, Lowrie, doo micht a tald wis da rest o' yon South vaige o' dine."

Weel, says I, dat I micht. I tink I tald dee aboot wis winnin abuird o' da steemer at Eberdeen, juist as dey wir lowsin da tows. Weel I wis blyde fur Kirsie's sake ta win oot o' yon vaddel, an win ati' da open watter, fur shu wis aye axin me if hit wid be lang afore we wan ta Leith, an hoopin' it Gibbie wid meet wis. I told her ta geng awa an' get her hed doon at wance, an' I wid tell her whin we wan by you Baa it auld Ralf da Rover shappit da bell aff o' whin he tullied wi' da Arbroath ministers, dan wi wid be haf gaits trow. Dey wir a braw coarn o' grund swall, an hit wisna lang afore I noteeced Kirsie's face turnin' kind o' greemit laek, an shu says, "Boy A'm gyaan doon da trap." Says I, "Heth, hits da best it doo can du." As I helpit her doon, een o' yon men wi' da white keps cam alang an axed her if her feet wis warm. Says shu, "Dir naethin' mair," an' didna he geng an' fetch her a haet pig. Kens doo, anyoch canna be sade aboot da kindness o' yon men. Even whin we cam' ta Leith, yon sam' een wis in a state ta ken if we wir taen aa wir belangin's. Twise ower he axed me if we wir left naethin. I tankid him an' tald him it Kirsie hed a bundle wi' Gibbie's inside claes, an' I hed da twa bags, so we wir juist clare ta geng ashore.

Efter a coarn o' backin' an' fillin' dey med her fast, an' cam' wi yon ribbid trough fur wis ta win ashore apon. Kens doo it dey wir in sic a scaad ta reck dry laand it a lok o' wis got prammed up i' da middle o' yon brig thing, an' me scoitin' fur Gibbie, I never noteeced an' cam' up alang a baskit it a lass wis kerryin'. I tink hit wis eggs, fur I heard a krunch, shu turned an' sade, "Take care." Says I, "My jewel, A'm duin dat." Bit aa da sam, dey wir a yallow reeb it cam frae da baskit aa day wye up ower da pier. I never leeted, I tocht hit wid maybe lat her fin her wye back again if shu needed. We guid up ower da pier a bit, whin Kirsie says, "What tinks du is com' o' Gibbie?" "Weel," says I, "he micht a bune trang tarrin' onything aboot da ship an' coodna lave hit, but I think lass it we'll juist solist a bit." So I set doon da bags at me fit, an' I wis blyde fur me fingirs wis kind o' cropen. Heth, dey wir a braw wecht wi' dem tu, fur Kirsie's een wis twise da size o' my een. Doo kens whin yer traivellin' wi dis weemen, da truss it dey tak wi' dem is oontould. Kirsie wis ahint, an' I turns ta spaek till her. Says I, "A'm juist waaverin' whidder ta bide here fill Gibbie coms, or geng an' seek his ship." Bit whin my back wis turned, doo'll no hinder a man it wis staandin' dere wi' a borrow ta mitten da twa bags, lay dem apo da borrow an' set aff. I saa him wi da tail o' me e'e. I yalls, "Com' back, ye haethin', whaar ir ye makkin' fur wi wir luggage?" At dat same time I med a yok fur his jacket, bit a sorro' jacket he hed, hit wis een o' yon strett sleeved weskets, an' I cood get nae grip. Bit he turned him, an' says, "Didn't you say Waverly?" "Na," says I, "hit wis naethin' o' da kind, I juist sade ta Kirsie it I wis waaverin' whidder we sood wait fur Gibbie or no." "I beg your pardon, I thought you said Waverly"; so he set dem doon. Doo kens I wis redd som' o' yon Sharlok Homs buiks, an' kent what ta lippen. Guid kens whaar he micht a trailed dem, hed I no bune klivver.

Wi' yon I sees Gibbie comin' an' I wis ower blyde — bit ta see Kirsie's face, aless a hairst mune, an' I can tell dee dey wir some kyoderin afore shu slippit him. Says I, "Boy, is doo gotten wis ony wye ta bide?" "Sure, Dad, I have fixed up digs for you. You're going up with the taxi." Tinks I, if we geng up wi' da taxes we'll reck a braw nicht, fur dir aye risin'. Hoosumever, I saa naethin speshul aboot da kar it cam' fur wis, he wis shuurly gotten a len o' him frae da Rate Collector. Bit, man, we got grand ludgins aside fok it kent aa aboot wir hame laand, so dey wir nae fule whestins axed aboot aetin whaal blubber an' hinnywirs, an' wearin' Selkie skins. Dan

Marta, da eldest lass, shu wis juist a jewel, an' cam aboot wi' wis a lok shawin' wis places.

Bit you first nicht, we wir dat ootmagit, it we wir blyde ta sit in an' rest wis, wi' Gibbie plannin' oot whaar he wid tak wis da moarn. I hears him sayin', "Now, Mother, where do you want to go to-morrow?" "Boy, I kenno, A'm da blyde it doo's weel an' wis aside dee, it A'm no carin'." "Well, Dad, what do you say for us going and having a look at the Zoo?" "Wha's soo?" says I. "Its the Zoo I mean, Z O O, where you see all the animals." "Weel, ir dey gyaan to be a roup —" "No, no, its the wild ones we see — Lions, Tigers, Monkeys, and so on." "Och weel, boy, we sall geng."

So efter wi sir hed wir brakwist, we sets aff athin een o' yon tramcars. We wir geen a braw bit among grate beeldins an' shops. Says I ta Gibbie, "Man, I never tocht it Leith wis sae grit." "But, Dad, this is Edinburgh we are going through." "Weel," says I, "whaar's da merch atween dem? Dir bune nae odds frae we left." "Oh, yes, there is. The dividing line is marked by a brass plate inside a pub at Pilrig. I have seen it myself." "Oh, nae doot," says I. Be yon time we wir com ti' da grind o' da Zoo, an' Gibbie payed dem sontin an' we guid in. Gibbie says, "Now, Dad, here's something that will interest you. Come this way." "What's dat, boy?" "The Aquayrium?" "Weel, isna dat whaar dey pit da ships whin dir a fivver abuird?" "No, no, its where you see live fish." Tinks I, hits sontin fur me ta com ta Edinburgh ta see livin' fish. A'm teen as mony sprikklin in ower da gunnal.

Wi' yon he shaws wis intill a dark kind o' place, bit da waas wis aa gless, an' dere wis haddocks sooming aboot wi' da mett o' Peter's toom as veeve as if dey'd bune i' da buddie. Kens doo, dey wir fantid laek, an I tocht if I hed twa lempits I could a draan wir supper. Dey wir wattery blibes comin' up frae da coarners it dey wir aye shivin' dir noses atill. I tocht dat wis maybe aa da maet dey hed. Man, we saa fleured flooks, skate, rid flooks swalled oot o' aa shape, lapsters, an' Guid kens what mair, fur dey wir shurely every kind o' fish yonder. Kirsie says, "Boy, A'm feelin' da sam as if I wis i' da sea boddam. I tink we'll geng."

Whin we cam oot, Gebbie sade he wis gyaan ta see an' auld shipmate o' his an' wid be back in a meenit, so we wir to leuk aboot wis fill be cam. We waandered till a hol' whaar dey wir twa muckle Selkies, dey caaed dem Sea Lions, bit A'm seen me flayin' as grit eens as yon an' gettin' a pritty coarn o' oil aff o' dem tu. Kirsie wis geen as far as da Flamingo cru, an' whin I cam up till her, shu says, "Lowrie, what kind o' fools can dis be, an' ir dey rail?" so I skyles at da name-brod, an yon's what dey wir. "Flamingoes," says Olie, "A'm hard aboot dat buirds, Lowrie, bit what laek ir dey?" "Weel, my Olie, set doo da bodie o' a ill-triven guuse apo twa staaves a yerd an' a haf hich, puu da neck o' him oot anidder yerd, tak his neb atween twa stanes an' flatch him oot flat, lavin da bluid on, an' dare doo haes a Flamingo." "I hear dee, Lowrie, he wid a bune him a sicht."

Da neist we saa wis da Elephant gyaan wi' a box apon his back foo o' bairns. Kirsie leuks at him a start. Says shu, "Oh, fur sic an ugly bruit. Heth, dey wid never ken what wye he wis gyaan, fur he haes a tail apo every end o' him." "Dat he du's, bit hoo wid he du fur takin' hame da paets? He wid tak da stack in twa vaiges." "Oh, dat wid he, bit widna he mak a bumbel if he slippit itill a ert bile.

Wi' yon Gibbie coms back frae seein' yon shipmate o' his. I noteeced he wis rubbin' his mooth, bit I sade naethin'. He claps his midder apo da back. "Well, Mother, how are you enjoying the animals?" Says shu, "I ken no, boy, A'm seen naethin' bit ootsizes an' oddities." "Yes, but wait till you see the Lions and Tigers. I seen them all when I was here last trip." Kirsie says, "I tink we'll no geng aless dir teddered." "Oh, you are quite safe, they are all in cages." So he took wis up ti' da Lion's den, an dare he wis stroagin aboot very disjaskit laek. I trooly lippened ta see him da size o' da Houllan bull, bit as Kirsie sade, he wisna gritter as wir kalf, an he wis aa hed laek a Puir John. Alto da eft end o' him was kind o struinted, he leukid faerce anyoch, an' lut wis tink what puir Daaniel guid trow. Whin we wir com fornenst whaar da Camel wis hunklin alang, Kirsie stuud gaanin at him fur a start. Says shu, "Sees doo, Lowrie, hoo da Loard is made yon baste ta du athoot klibbers, ye cood juist heuk da bight o' da maeshie fettel ower yon croilk apon his back, an' ye wid need nedder gointack or wamegirt, fur sorro' wan o' hit cood shift." "Dat's a fack," says I, "bit I widna laek ta be uplayer, fur ye wid need ta kerry a trap alang wi' you." Wi' yon, Gibbie spaeks ahint me, "You don't want to have a ride on one of them, Dad?" "Na," says I, "no I heth." "Right O, come and see the Penguins."

So hit wisna far ti' da wattery hol it yon buirds wis soomin atill. Man, Olie, fur sic an oddities, dey pat me a mind o' upended dukes, bit whin dey begood ta waak, I hed ta lach, fur dere wis Paetie o' da Nort Skulehoose, efter he fell aff o' da scroo an' got yon kenk in his back, yea da very wye it he kerryed da twa staaves in his hands. Man, hit wis very devertin' ta watch dem.

Wir neist laandfaa wis da Polar Bears, dey wir atill a quarry hol, een soomin an' da tidder een sittin' gantin apon a clett; we wir brawly near da edge, whin a boy hooved sontin in, da muckle een dived efter hit an' da watter rase laek a baa brakkin. Doo sood a seen Kirsie's licht yallow bloose, a new een tu, he wis spungit frae neck ta tail. Says I, "Dat wis a plunkie he played apo dee." Doo kens da watter wisna ower cleen wi dem swittlin awa trow hit, bit I shook aff o' her, an' guid whaar da maist sun wis ta dry her. Here we cam apo da Ostrich, wi' a pair o' legs apon him laek da trams o' a cairt, an' I cood gee my oath he cood staand an' aet da sooricks haf up ower wir barn ruif. I aye tocht dey cood rin laek da ill helt, bit yon een wis gyaan santipeein aboot da yard laek a becalmed solan.

We left him an' med fur da Monkey hoose. His wis da hidmast place we guid atill. Dare we saa monkeys aa sizes frae peerie eemige tings ta grate ugly bruits. Dey wir a muckle shu een climin' a tree. Says I ta Kirsie, "Lass, if yon een hed a mutch on an' a clow in her mooth, shu wid be da livin' eemige o' auld Girzzie o' da Mires." "Heth," says shu, "yon een is no unlaek her aboot da broos. Bit, Lowrie, juist ta tink it yon wis wir forebears. Na, na." "Weel," says I, "hits no sayin' whaar auld Girzzie revolved frae." Wi yon didna da haethin' begin som o' her prettikins apo da tree, an Kirsie says, "Boy A'm seen anyoch, come dee wis oot o dis." So we guid, an' as we wir comin' oot da grind, Kirsie plucks ata me, "Keep ta dis side, Lowrie, wi' aa dir torney ware, dere's een o' yon bruits won furt, bit I tink yon wumman is gotten a haad o' him." "Whaar," says I. Shu points, an' I sees a lang thing laek a dug it sontin wis faaen apon, bit da wumman hed a haad o' his tedder. Gibbie lachs an' says, "That's not an animal, it's a dash hound, one of them lalie dogs for ladies." "Heth," says I, "shu's wilkim till him, afore shu wins far shu'll hae ta get his legs eeked wi' sontin."

Weel, we wir juist waited a meenit or twa at da grind, whin Kirsie says, "Lowrie, here's yon man wi' da kar come back fur wis. Some een is shuurly tald him it we wir com oot. Dis is da een we cam wi' tu, da sam laekness at baith ends." So we guid abuird, an med fur wir ludgins. Kirsie wis in sic a scad (shuurly fur a cup o' tay) it when we wir fornenst da place shu coodna wait fill he stoppid, bit buist ta jimp, an' da first it I sees is her apo da keel o' her back, wi' her soles leukin up ti' da cloods. "Lass, lass," says I, "doo's shuurly mirakilled desell." "Na," shu says (as shu wan owerend) "A'm no, bit I micht a bune, fur my rig wisna knuckle frae da edge o' yon vild hich lump it dey hae i' da middle o' da street it dey hedna time ta shoel awa. Bit leuk doo at my bits o' best claes, yea uggled." "So, lass, we're no far frae da door." Whin we did win in, we set wis ti da fire. Yon wis wir first day's ootins. Efter Gibbie wis tried ta laern his midder aa da different angles it shu hed ta staand at whin shu jimpid aff o' a tram, dan he sade he widna be wi' wis da moarn da wye it a surveyor wis comin' an' he hed ta shaw him aa da bits aboot da ship it needed mendin', bit Marta sade shu wid com wi' wis, so we wir blyde.

Wi' yon dey wir a unduimous yowl it cam frae da trance. Willa jamp up frae da share. "Fadder o' Mercy, what is yon?" Olie says, "Hits juist Ralf an' Nooster da cat tullyin." "Oh, Lowrie, I tocht hit wis som o' yon bastes doo wis bune tellin' wis aboot." "So, lass, doo sall hear nae mair da nicht, fur I'll hae to be makin' hame trow." "Na, Lowrie, bide fur dee supper, we hae fresh piltocks." "Na, gosh, I coodna, A'm sitten dat lang, an' I wisna ta bide, an' A'm blyde it I hae da sweerie fur a pace offerin' ta Kirsie. So, guid be wi' you. If A'm spared ta win ower trow da ook, I sal try an' mind apo mair it we saa, bit A'm riven me sheeks nae want da nicht."

Olie Kills His Grice

I Tink hit wis shuurly da sekon day it I wis bune hame, an comin' up ower da toonmals, I meets Olie. Da first it I gets wis. "Oh, Lowrie, I im missed dee frae doo guid awa." "Weel, heth," says I, "A'm gled ta hear it." "Bit, man, dere wis, fur ee thing, we hed ta kill wir grice an' doo oesed to be sic a guid haand at dat job, it I wantid Willa ta wait fill doo cam' back, bit tinks doo wid shu. Na, shu says we maan hae som' o' him fur da Helly, an' besides, shu wis bargand to sell een o' da hams ta yon fok its bidin' wi' Tammie o' Ester Haa, so man I hed ta try hit mesell."

"Weel, my Olie, did doo oese da Human Killer apon him, becaas if doo didna dan doo's led desell open ti' da Laa." "I, I, never a thing I oesed bit da tully, doo minds it I got frae da Swede. Bit can doo tell me what odds hit maks as lang as da bluid an' da braeth gengs oot?" "Weel, my Olie, hits juist dis wye. If doo's gyaan ta oese da karkage desell dan hit maetters no whidder doo smoars him in a tub, or taks his hed aff wi' a saa, bit if doo sells da smaaest millan o' him, dan doo maan oese dis Human Killer, an' I tink hits shuurly da govermint its med a bargan wi' da makkers o' yon gun thing fur dem ta get sae muckle fur every dizzen it dey sell." "Weel, ta tell dee da truuth, Lowrie, if I hed a gotten me haands ower een o' dem at da time, sell or no sell, I wid a trooly oesed him, fur I sall juist tell dee what happened wi' me.

"I wis taen da grice oot apon da green yonder at da hed o' da rigs an' tied his legs da oeswill wye, bit whin I stak him, I wis shuurly geen a bit ta da wastard o' da juggler fur he juist luup stark mad, brook da tow, an' spritted oot da wye o' da green knowe. Dey wir bune a braw coarn o' sook dat day, an' Willa wis stritched fower white haps, it shu hed a oarder frae Mr Jeemson fur, besides a lok o' white claes it shu wis spred oot aa aroond da blitch, an' didna da haethin mak richt fur da haps, gyaan roond an' roond among dem wi da bluid spootin frae him aa da time. So if Mr Jeemson needs kullered haps wi' fancy patterns, heth he'll no want noo."

"Na, Olie, sorro' coodna doo a gotten hadd o' da bruit? Yon 'ill juist be lade Willa by."

"Weel, man, I tried me best, bit me feet among da white claes wis neerly as ill as da grice. Bit he shuurly hed a happy end, fur dey wir a twall score een woupid aboot his fore an' hint feet whin he drappid. Willa wis dare tu, an shu med twartree saft remarks aboot stoopid handless men an' rotten tows, bit I needna tell dee, doo kens what dey say whin dir in a tirse. Bit yon wisna juist da end o' wir trubbels. Da lasses wis gottin on da anker kettle wi' watter ta plot him, an da boys an' me puued him in apo da butt fleur, lavin' Willa among da haps, dan we got him traced up tid da first twarbaak, wi his trunnie aboot a inch or twa frae da boddam o' da sae, an' I wis juist takkin a blow, whin da Loard bliss me is I tocht da hoose wis comin' aboot me lugs. Da twartbaak wis geen snap ower da middle, an da grice cam doon wi' a boof his hint feet strikkin da lip o' da kettle an' awa gengs da bool. If coorse he wis brawly weel woarn, fur hit wis een it Lowrie Barron med. Dan da tow it I hed him tied wi' cam' wi' a skelp richt across Rover's back. He gae a yalk an' med fur da door, takkin' da twa shappin cans wi him it we wir gyaan ta owse da watter wi'. Dis med a coarn o' musik, bit hit wis naethin ti' da hostin an' craiksen it cam efter, fur we coodna see a stime fur ess, an' ta croon aa, dey wir a packie o' tows lyin' apo da bit o' laft, an' whin da twartbaak guid, doo'll no hinder da packie ta laand i' da hert hol' o' da fire. Doo kens he wisna free o' dust edder, fur he wis bune dare fur a year or twa. Trath, I tink I never hed sic a misanter i' me days. Da tows wis cleekid i' da crooks an' faaen doon ower da haf whombelled kettle laek a bride's veil, an' afore I got hit clear o da lowe, man da swate an' ess wis cakin' apo me face laek gruel.

"Wi' yon, in cam' Willa, I herd da platchin o' her feet trow da trance (I tink da scuppers anunder da guite o' da door wis shockit) an' dan cam' da yall. O Fadder o' Mercy, what is dis, ir ye gyaan ta swee him noo? Na, says I, A'm neerly sweed mesell, bit whin I solist a bit A'm takkin' him ta da barn. Ill helt be fain, dere's whaar he sood a bune afore. Oh fur my pritty hoose.

"Bit ta make a lang tale short, we plotted him i' da barn, an' I guid ta bed, just a bag o' sair banes, an' I tocht whin me hed wan ti' da booster, it I wid hae pace, bit sae cam da daylicht, every time it I dwammed ower, I wis waukened wi' Willa grointin awa boot, 'Hoose laek a byre, elted claes, an' rid grices.' So I tink yon 'ill be da hidmast een I try ta kill.''

"Weel, my Olie, dir juist ee thing, I wid a laekid till a bune a moose i' da waa whin Willa cam' bucksin in trow da trance an' fan a black grice streekid opon da hertstane insted o' her white een. Bit never doo leet, I sall trooly help dee ta kill da neest een wi' yon Human Killer, an' wha kens, be dat time dey'll maybe hae a paatent plottin' macheen tu.''

"We plotted him i'da barn."

Lowrie On Vitamins

I WISNA weel risen dis moarnin afore Kirsie wis at me ta geng fur a fracht o' paets frae da hill, oot o' da nortmast rooag, becaas he stuid hichest, an' shu wis faerd it da flaas wis blaan awa oot o' da face o' him wi' yon hidmast goussel it we hed frae da nor'aest. Bit everything wis staandin' da sam as he'd been yard-fasted. Dis weemen 'ill fin wark fur you if it sood com' oot anunder da ston'.

Hoosumever, comin' doon trow da daal, I owertaks Olie. Willa wis shuurly sent him da sam airrant, bit I never leets, bit spaeks awa aboot ee thing an anidder, till we cam till a broo. Says I, "Olie, I tink we'll rest here. I hae ta tichten me raepin baand an' fill me pipe," so I shoarks up me kishie wi' a divot, an' Olie plants him apo a toog ta hae a smok tu.

Says Olie, "Saa doo yon bit i' da "Times" aboot a syance lecter on maet?"

"Ya, dat did I, bit doo kens I wis nort ower da helly helpin Jeemie o' Ootertoon ta kill his grice. Man, he is a saft-herted lump. Kens doo he coodna siffer da reeins o' him whin I stak him. Onywye, whin I wan hame, kerryin a bit o' da grice wi' me, wisna Kirsie sent da paper awa. I think shu never got sic a scouldin sin a ell made her a cot, an aa fur sendin' da "Times" ta Gibbie afore I wis red dem, bit I got a len o' Erty's een, an' da first I saa wis yon lecter. Man, I kenna what dis place is comin' till noo ava. Wis haen ta get College men wi' a string o' letters efter dir names ta tell wis at liver heads an' stap is guid fur wis. Troo doo me, dir sontin anunder yon. Hits maybe da king its herd aboot hit, an' gyaan ta oose stap fur his denner among da rest o' da hush it dey hae. I'se warren he'll be printed apo yon caird at staands at da back o' everyeen's truncher, so dey dunna firyat what dir aetin."

"Weel, Lowrie, tinks doo will dey caa hit stap?"

"Na, my Olie, dey'll truly no du dat. Hit 'ill laekly be A La Pot Pourri or som' haethin title laek dat. Guid kens what dey wid caa crappin. Bit, man, its dis vitamins it dir fun apo da maet its puzzlin' me. Ever saa doo ony, Olie, apon a codlin' hed."

"Ya, dat am I, whin dey lay ower lang, bit we juist caad dem maids."

"Na, na, boy, hit maun be a unkin kind, fur noteeced doo, da man said dey wir i' da kail an' neeps tu, bit A'm dootin it, fur I ken it Kirsie, afore shu ever boils a kail stock, shu aye gies me a dad apo da lip o' da tub, or da lug o' da kettle ta shak oot ony craeters it micht a oaged in among da laves; sometimes dir twartree peerie grey snails an' clocks it faas oot, bit een ta sorro' o' a vitamin ever I wis waar o' yit."

"Bit, Lowrie, da haethins maun be dat peerie it doo canna see dem."

"Weel, my Olie, if dir dat sma, what nurishment tinks doo can dat be till a wirkin man, fur yon doctor said dey wir guid ta aet, an' hindered you ta get da scurvy an beri-beri; what ill' helt dat is I kno no, aless hits sontin laek da sturdy. Yea, an' hoo lang wid doo hae ta gurm trow wir yard afore doo got a gjopen o' dem."

"Bit, Lowrie, dis syance men is finnan oot things noo its maest winderfil aboot insecks."

"Heth, maybe, bit I wid laek een o' dem ta com' an' maw wir stanks wi' a haet, calm day, an' da breest o' his sark open. I doot his Laetin names widna be strong anyoch fur mudjicks. Dat pits me i mind o' ee day it I wis mawin' da fit o' da stoiticks. I wis nearly flen, an' da yuk wis odious. I began ta pit me tochts in verse, be my tale. Hit ran sontin laek dis —

> We're tald it every livin' thing,
> It creeps, or sweems, or flees,
> Aa haes dir purpose ta perform,
> Laek wirms, an' birds, an' honey-bees.
> Dir loks o' things I hae ta learn,
> It wise men hears an' sees,
> Bit, Loard, juist tell me what's da oese
> O' mudjicks, mochs, an' fishy flees?"

"Weel, Lowrie, yon's no sae ill, if doo wid stick mooratoogs apo da end o' dee petition, fur I wid truly laek ta ken what oose dat venoms can be fur."

"Weel, says I, dat I micht, bit dir anidder thing it I wis mindin' apon it yon man said. Dis wis it aa fruits laek neeps, kail, an' carrots wis ruined wi' boilin, an' dey wir ta be aeten as dey wir. Minds doo, Olie, whin we wir peerie, wir fok wis aye tellin wis at if we ute raa neeps it wid fill wir stammicks wi' wirms. Noo, aa dat taechin' is owerturned. Bit, heth, I tink da auld eens wir richt yit. Saa doo, he never said onything aboot tangles, hinniwirs, an' dills, dat wis wir sweeties whin we wir young. We gudna aboot wi' wir sheeks steeked wi' shocklats an truss laek dat, an' believe doo me, hinniwirs wis a better tonic fur wis dan aa da Krushed Salts an' idder truck it doo sees in every paper it doo lifts. I noteeced a Skerrie man tellin' wis a lok o' diets, wi' livers fur a schannel. I cood a clapped him apo da back. Yon wis maet. So, dis 'ill no du, wis sittin' sheekshin here. Da weemen fok 'ill tink we're faain atill a aert-bile. Come dee wis, Olie, we'll hae ta be troagin.''

"*Olie, I tink we'll rest here.*"

Gibbie's Hame-comin'

Scene: A Shetland Cottage, 1936

LASS, I hear some een's fit apo da concrate waak. Doo micht see wha it is. Heth, it's maybe Gibbie, toe I needna be lippenin him yit, aless he's taen it in his head ta com' wi' da aerial mail. Wi' yon dey wir a collie-shang i' da trance, an' whin I leuks, here's Gibbie, wi' Kirsie hingin' in till him.

"Boy," says I, "A'm gled ta see dee. Whit wye is doo, an' hoo cam' doo sae shune?"

"Waal, dad, when we comes to Aberdeen the Conder II, with mails and passengers, was about leaving. Says I, its only a quid or two extra, and I want to get slick home. So here am I, four hours from Aberdeen. But I say, dad, you've made some dandy improvements round here. I scarcely know the old place."

"Yea, boy, its a hantle better is hit wis. Bit we hae ta tank da Eddication Athority fur a lok o' hit. Set dee wis in, an' tak a mooth o' tay fill I tell dee aa aboot it. Doo kens hits a lok o' years noo frae da Govirment wraet da Athority it dey coodna affoard ta keep da hen wife an' da man body it dey hed at dat time gyaan aboot da kjuntry, aless da Athority gae dem £400 a year, so dey —"

"I say, not to interrupt you, dad, what the Dickens have you got up here where the old muzzle-loader used to hang? A bookpress?"

"Yea, yons twartree buiks it Janey hed ta git fur da zeminations, bit we read awa apo dem toe." Wi' yon he raise ta scrime ower dem.

"My word, they are good. Why, here's Darwin's "Origin of Species," "Atmospheric Nitrogen as a Fertiliser," "Insects and their uses," "Egg Production," by Davis, "A Treatise on Finger and Toe," by Mill, "Rabbit Breeding for Flesh and Fur," by Herr Dee Yunsen, "Basic Slag versus Seaweed," by Von Tay Jeigh. Why, you have got quite a library here."

"Weel, man, da sorra Idder thing Kirsie an' me haes ta duu bit sit an' read, fur da bairns juist wirks da croft noo wi' kemikals an' 'lectric poo'er, an' da help o' da Agricultural Boord."

"Well, I'm blessed!"

"Yea, so doo may say. We're aa been blissed iver sin da Athority accepted da Boord's offer ta taech da bairns da richt wye o' doein' things an' paid dem yon £400. Noo aa da bairns is gyaan ta wirk apo da laand gits tree days agricultural eddication i' da week, while da tidder eens gits twa oors. So dey dunna juist growe up numskulls aboot eart wark."

"But, I say, dad, whatever is that darned contrapshon on the shoulder of the hill?"

"Whit means doo boy? Yon thing wi' da lum stikkin up frae it?"

"Sure."

"Man, yons da neetrogen factory whaar dey extrack da neetrogen frae da air. Doo kens we buy nae manure, slag, or onything noo, its aa made yonder. Da Boord pat een o' yon factories fir ivery perishon." Wi' yon I sees Gibbie scoitin trow da butt windoo is he heard da snore o' da nort districk aeroplane.

"Whatever is that fellow dodging round here for? He must be out of his course."

"Na, no ye, boy, he's been nort trow saain Johnnie o' Gord's bere. We saa naething noo bi' haand. It juist taks him aboot ten meenits ta saa aa wir rigs, baith aits an' bere. It coms doon laek a hail shoo'er. Bit mind dee elbick, boy, doo's nearly strukken da wireless. Yons a boannie set it da Boord gae is a first prize ta Janey fir a essy on Mooratoogs. Does doo ken it fower or five years ago I tocht dis wireless wis juist da de'il's invenshun, bit noo I widna be athoot it. We hear aa da news, an' we nedder oose paets or parafeen. Sees doo yon klok thing abune it? A switch I tink dey caa it. Da bairns kens aa aboot it. Onywye, whin dey pit da haand ta da figger 8 it lichts up da hale hoose, an' besides dis, tree lichts i' da byre, een abune Sholma an' twa abune da young baess. Dan figger 4 haets da wireless stove ta make wir aer o' maet. Dir a man comin' frae Lerrick da moarn ta pit in a haeter i' da ben end tu. It's aa dune wi' wireless noo. Bit com' dee wis furt. Doo's no seen da fool joose. Hits aa lichted up tu, so it da hens lays nicht an' day noo. Dan dis peerie room ben aff wi da gless peens is whaar da hen wife bides whin ony o' dem is ill an' shu haes ta watch dem aa nicht. Shu wis tellin' me it dey wir layin' 400 per cent better is whin we hed dem apo da baak i' da byre afore doo guid awa. I kenno, bit dir a lok mair eggs onywye."

As we cam' oot o' da fool-hoose I hears Gibbie sayin', "Who has been fool enough to cultivate that part of the hill where we used to gather duff?"

"Means doo yon bit up i' da hill gaet?"

"Aye."

"Man, yon's da Boord's plot. Doo minds afore dis dey oesed ta try a bit ivery year edder fir taaties or neeps, an' dey schoised da best bit o' gruund dey cood fin', bit dat's aa shanged noo. Dey tak ony bit o' barren truck oot-a-daeks juist to shaa wis whit can be don. Da man frae da Boord coms wi' his 'lectric ploo an' shules it aa flat, da aeroplane drooks it wi' kemikals, an' athin twartree days its nae langer moer, bit guid black aert, so its juist saain alang wi da rest an' a pritty crop coms in nae time. Sees doo yon windmill apo Flangafield. Yon maks aa da 'trecity we need fir da crofts frae here an' wast. I ashure dee da Boord is wroucht nae want o' impruvements. I kenno hoo da £400 hadds oot.

Bit its dennertime. I hear Kirsie tootin' apo da 'lectric hoarn. Com' dee wis in an A'll shaa dee peerie Janey's meenagaree, is I caa it. Sees doo aa yon bottles?"

"Aye, I guess it looks like a wholesale order."

"Na, no hit, dir aa foo o' craeters, edder livin or dead. Dis een at da end o' da skelf is foo o' fleein mochs it Janey fertilises da kale seed wi, da neist een is hundy kloks an' storeys an aa da truck it aets da neeps. Shu tells me it day hae ta study dir life histry. Heth, I oesewally end dir life histry wi' da back o' me spade whin I com' across dem."

"Now, look here, dad," says Gibbie, "with what I see crofting is simply a picnic, and I guess it won't be a life on the ocean wave for yours truly this year."

"Weel, weel, my joy, bide doo wi' my blissin'."

Lowrie's Advice To Joannie —

"Bide Whaar Doo Is"

I' Da heild o' da day is Tiesday, I wis comin' up da gaet kerryin me bits o' tuels, fur I wis bune at da noost pittin' a lap apo da fore hassen, an' a sprang apo da eft een o' da peerie boat — baith o' dem wis kind a spleet, an' een o' da mid rooths wis brawly weel schowed, so I pat a aik infaa inta him tu, afore I left. Da first I sees comin' doon ta meet me wis Joannie O' Toab, wi' a face laek a ouskerry. Says he, "Doo's bune wirkin', Lowrie." "Yea," says I, "hits no bune muckle, juist haddin me oot o' langer mendin' da auld boat. Doo's nae doot hard da auld sayin' aboot 'a stik in time,'" "Yea, dir dat mony stiks ta be taen, fur wi dis croft wark, man hits wan conteenwal nyaag an slester frae moarnin' till nicht, an' never don'. A'm tinkin' ta gie da hale thing up, sell aff, an' get wark i' da toon. Da bairns tinks we wid be far better aff, an' dey wid hae shances dere it dey canna get here. So what pat me alang, wis ta see if doo wid a bochs some o' my setnins. I tocht I wid gie dee da first shance o' dem. Doo kens, dir apo da sam paster, an doo wid hae nae budder wi' dem waanderin' awa. We micht a com' ta som' bargin aboot dem afore da sell cam aff." "Weel, Joannie, afore doo gengs farder, I maun juist tell dee, it doo's a fule if doo kent it, fur doo's a hantle better aff here as doo wid ever be in Lerook." "Na, Lowrie, doo manna say dat, fur doo kens as weel as I du, it aa da money it a body can ern apon a croft noo canna keep a faemily. Man dares fur a twalmont A'm juist brocht hame five pound, an' dat wis fur da start I wrocht apo da rodds, an' what is five pound whin yer gotten hit? Dir dat mony hols fur hit ta geng atill, dares rent, raets, claes, and Guid kens what mair." "Yea, I hear dee, bit aa da sam I tink doo's apo da wrang teck. Com' dee wis in ta da hoose an' we sall hae a spaek ower hit."

Whin we cam in, says I ta Kirsie, "Lass, Joannie is gyaan ta bide a peerie start, mak doo a scaar a tay." "Dat sall I," says Kirsie, "I buik twartree baremael bannocks da streen, an' I needna ax dee Joannie if doo can tak baremeal, hits wir ain mael tu, fur Lowrie buist ta hae som' grund, da bere wis dat pritty dis year." "Oh," says Joannie, "I can tak onything, bit doo soodna a buddered." "Hit's nae budder, com' dee wis in by i' da restin' share, bit sit no apo da iron last. Yons Lowrie again, he wis pittin a lift apo da heel o' Janny's buit, an' he aye laves his bruck ahint him fur me ta redd up." "Never leet her, Joannie, shoel doo hit awa wi' dee haand, an' set dee doon. Haes doo dee pipe. Try doo a fill o' dis broon twist. Kirsie wis at da shop wi' twartree eggs, an' got me a onse. Mr Jeemson tald here hit wis a new kind, an' affil guid, heth hit wid need, fur da hidmast he hed wis rampse anyoch." Says Kirsie, "What sorro ir you twa gyaan ta reek fur eenoo whin da tay is trakked? If you eence begin sheekshin, hit 'ill be stane cauld afore you lip it. Bit A'm gyaan ta poor hit oot, pit ye in da suggar an' mylk, an' Guid bliss you wi' hit, I hae ta geng furt."

So efter we hed wir tay, says I, "Joannie, if doo's set apo dis gyaan ta Lerook, coodna we (laek da Lawirs) wye da maeter up, an' fin oot what o' da twa is best aff — dee i' da toon wi' dee short day, or mee ruittin awwa here apon a croft athoot ony oors ava?"

"My Lowrie, dat'll no be ill ta du. I tink doo's hed nae want o' tired banes, weet feet, an' cauld fingers aboot hit aa, da sam as mesel, an' ocht ta ken it dir nae kim-perrishon atween da twa. Ta live i' da toon is a jantleman's life ta dis daddery, nicht an' day, wi naethin ta shaw fur aa yer wark whin hits dune."

"Dunna doo be ower shure, Joannie, fur da wirkin man in Lerook haesna his sorrows ta seek ony mair as wis. Dere doo gets a room in Burns Kloss, an' pays as muckle fur da fower bare waas as I pay fur my fower roomed hoose, me office hooses, an' aa me laand, it I can juist as well caa me ain, fur da laird canna pit me oot, as lang as I pay me rent. Bit as fur dee i' da toon, da laandlord can keep dee jimpin aboot every idder wharter, wi' aa da budder an' expense it flittin means."

"Yea, Lowrie, hits aa very weel whin ye hae sontin ta pey da rent wi' bit whin yer no ernin' a black stuur, what ill trift can ye du?"

"Du, well doo cood keep mair hens. Kens doo, o' late, wir hens du's a hantle mair as pey da rent, fur I depend apo Tappit Claiksie, an' da Fluckret een fur my bit o' baacha, an' ony peerie thing I need. Kirsie keeps dir eggs he demsells, an' taks da money fur da tidder eens, so shu aye haes da rent reddy at da term."

"Yea, bit see da conteenwal wark an' budder its wi' dem frae dir shickens fill dir ony oest ta you."

"Heth, doo haes a wife as weel as me, an' dey laek da job, so lat doo her leuk efter dem, dill naethin trive aless hits attended till. Kirsie haes wir eens trained laek bairns. Dey can du onything bit spaek, an' dir du'in dat weel, it A'm gyaan ta hae twise as mony neist year, an' pit up anider hoose ti' dem oot yonder apo da Retwalls."

"Bit, Lowrie, doo'll hae ta buy a poo'er o' maet ta feed dat screed?"

"Yea, heth, dir wilcom till it. Dir peyin' fur it demsells. Da mair we gee dem da mair we get frae dem. I can tell dee, whin doo haes ta buy eggs i' da toon, doo'll pey sweetly fur dem, an' mind doo, A'm gettin' paerts o' dat profit. An' dan, man, dir loks o' things it we can buy far shaper here as dey can i' da toon. Doo sees, da maerchants i' da kyuntry haesna sic a hich rents ta pey, an' dan dir no pitten ta da expense o' buyin' every mont yon graet woobs o' paper fur dir windows wi' da rid letters apon it, GREAT CLEARING SALE. HORRID REDUCTIONS. An' dan dere's da trubbel it dey hae shangin da truck its i' da windows every idder day. Heth, som' o' dem is flo'ered laek da manse gaerdin, whaarby, i' da kyuntry, dir nae need o' pittin onything mair i' da window is maybe a bottle o' reedin' sweeties, a fryin' pan, a flo'ered truncher, a caerd o' perteckters, an' twartree stay laces, an' maybe a lilac aeprin an' a pair o' buits. What mair du ye want? An' dan dat can bide fur a twalmont an' save expense. Yon wye dey can afford ta sell shaper."

"Dat is true, Lowrie, bit aa da sam I tink we'll be able ta live brawly shape i' da toon wi' a hantle less wark. Man, dere's da kerryin' o' eveyr drap o' watter we oese, whaarby i' da toon hits at your very door, as muckle as ye want."

"Nae doot, Joannie. Still, doo peys naethin fur what doo taks frae da waal, bit, in Lerook, doo no only peys fur da watter, bit, heth, doo peys fur da blots tu, fur dey hae drains ta keep up; an' dere's da scaffy fur takkin awa ony coarn o' bruck an' ess. Hits aa laid po da raets an' doo peys; no laek me, apo da croft, whaar I only pey a sixt pairt o' dine, an' neist year, if yon ack coms trowe, I'll hae naethin ta pey ava. Heth, dey'll maybe hae ta gee me sontin. Dan, Joannie, money is no everything. What aboot a boannie simmer moarnin? I rise an' geng i' da door, juist as I com' oot o' da bed, an' what du I see. Dere's da voe lyin' laek a leukin-gless, da laverock an' da rest o' da burds singin', da rigs o' bere an' aits staandin' sheenin i' da sun, da bizz o' da bees. Oh, man, hit is pritty, naethin bit pace an' stillness, dan da boannie smell o' da flo'ers an' aa thing growin'. Noo, rise doo da sam wye in Burns Kloss, an' what sees doo? Twartree staenie flags an' a black waa afore dee an' abune dee da craaheds o' da hoose, an' what hears doo — da scrit an' swish o' da scaffy's bussom, yea, an' da pritty smell o' da drains. Heth, doo widna staand sae lang afore doo wid hae ta rin i' da hoose an' pit apo dee. Da first doo micht see wid be a screed o' young lasses juist winnin hame frae a rant or een o' yon wheesht drives."

"Bit, Lowrie, I micht a gotten een o' yon new hooses; dey say dir mair laek da kyuntry."

"Weel, my Joannie, nae doot dey ir, aa bit da rent, bit doo wid need ta be weel in wi da nabeelity an ack da jantleman afore doo got een o' dem."

"Weel, Lowrie, whin I get everything sald, I tink I'll hae odds till a hunder pound ta pit i' da bank."

"Heth, if doo haes dat, doo'll be a capitalist at wance. Bit can doo tell me whaar dat hunder pound cam frae; doo says doo's no makkin a black sturr."

"Weel, doo kens, Lowrie, hit'll be da price o' da baess, me sheep, an' coarn, an' da impruvements it A'm med apo da place."

"I hear dee, Joannie. Noo, tak doo hit dis wye. Doo hed naethin when doo took dy tack o' laand, doo tald me it doo get a len o' ten pound an' paid it back fower year efter. Doo's brocht up a faemily o' eight, aa weel ta be seen, an' still doo haes a hunder pound ta pit i' da bank. Tell doo me, hoo mony wirkin men in Lerook cood say da sam? Trath, hits few. An' I may tell dee, dy golden store 'ill no lest dee very lang i' da toon, whaar doo haes ta geng i' dee pocket fur every eetimtashion. Hit'll mean nyttlin aboot da edges fill da middle is dune. Man, if doo wants a bane o' fish fur da denner, dere doo maun geng ta da market, an' lay doon dy sweet shillin' fur as muckle fish as can mak ee diet. Bit peerie Joannie an' me taks da boat, an' hits juist a bit o' plaiser, an' A'm seen fur ee nicht at da lines, wis bringing ashore what saired wis fur a mont, forby a boiling ta wir neebors. Yea, an' dan what aboot da oo?"

"Weel, Lowrie, if I hae nae oo', I haena da wark an' budder wi' da sheep; dere's gyaan oot an' trampin' da hills wi' a day o' distress at da lambin' time, an' sae on trow, caain, markin', dippin', an' aa da trafeck an' elt its wi' dem."

39

"Yea, I ken dir wark wi' dem, bit what's da rewerd? Kirsie an' da lasses haes as muckle oo' as dey can mak up, an' I hae a braw lok ta sell forby. Dan leuk abune dee — six tees an' shooders reestin it A'm no paid a ha'panny fur. Doo'll hae aa dat ta buy if doo gengs ta Lerook, an' heth doo'll miss dee puddins tu. As fur dee mylk, da gyola an' da druttle, I ken doo'll truly wiss fur hit back again, fur doo micht as well buy ale in Lerook as mylk, even if doo gengs ta knock up a water-benk ta hadd da dafficks, weel, doo maun buy da wid, whaarby A'll fin' as muckle alang da banks as wid mak twartree benks."

"Bit, Lowrie, doo canna lippen hit ta com' ti' dee haand in clifts laek what I wid get at da Sawmill?"

"Nedder I du, but I hae a saw, alto hits maybe a bit o' wark. I can tak me ain time an' ken it A'm hainin money aa da time. Bit, can doo tell me if hainin money is no juist as guid as makkin hit? Dere in Lerook, if da guidwife gengs ta mak a pot o' soup, heth shu haes ta lay doon her twa pennies fur da tatties (maybe da haf o' dem rotten), an' fur da kail stock an' da neep, dan pey agen fur sontin ta boil it apon, whaarby Kirsie gengs i' da yerd shoises a guid hert an' a swede (shu haes a hunder or twa to peck among), taks a junk o' reestid mutton an' maks a denner fit fur a king athoot payin' a black stuur."

"Bit, Lowrie, doo's no coontin aa da toil an' slavery, da weet hides an' blistered luiffs its bune afore aa yon wis reddy fur da pot."

"No I, truly, fur a body haes ta wirk whaarever dey geng. An' man, if doo gets wark i' da toon (an' A'm dootfil), dere doo haes dee maester staandin ower dee. Doo'll maybe no get time ta licht dee pipe, bit what maester hae I? Non bit da wadder. I mak me ain time, geng whin I laeks an' bide whin I laek. Nae man can say clow ta me."

"Weel, dat is true, Lowrie, bit aa da sam, if hit's no wadder fur furt, ye hae ta wirk in. Dere's maetin da baes, makkin kishies, cuttin' lams' maet, treshin twartree shaves, mendin' buits, makkin' rivlins, every day an' nicht da sam, aye sontin. Bit i' da toon, dere apo da shap o' five o'clock ye huve yer shivvel, an' not anidder vestage o' wark kind fill da tidder moarnin, not a thing bit smok yer pipe, or maybe geng tae da pikters."

"Pikters in trath! Gie doo me Naeter's ain pikters. Tinks doo, widna som' o' wir hame boys, noo at da ends o' da aert, lyin' reestin anunder a boilin' sun, yea, widna dey gie pounds ta leuk apo da pikter it I see frae me ain door athoot ony ticket? Dere's da hale vaelly glitterin' i' da bricht mune licht, da laar o' frost makkin every blade o' girse laek a diamond, aa da peerie stripes oot an' in among da broos, sheenin laek silver treeds. Dere's da eemage o' da mune flottin awa doon i' da limpid deeps o' da loch. I oesed ta tell Kirsie it her een wis laek dat, whin we wir coortin. I got da wirds oot o' "Weldon's Dressmeker." Ye ken my fancies raise tae braw hichts i' da coortin days. Kirsie wid aye hadd dat hit soonded mair laek bait or soe. Whaar wis I? Oh, yea, dir a pacefill stillness ower every thing, only noo an' agen da cry o' da haigry at da banks, an' twa dugs barkin', taen fornent da tidder, awa up da vaelly, an' dan hits dat calm it da reek frae da lums canna rise, bit curls doon agen laek a handle ta every hoose. Oh, man, hit is graand. Dat's my pikters. Wha tinks doo wid shange dat fur aa da pikters, rumble, steuch, an' steer, yea, aa da kol reek o' Lerook? Bit I can tell dee what's at da boddam o' dis flittin ta da toon. Nivver a thing hit is bit eddicashion. Man juist da tidder day I wis biggin da hame stack, whin peerie Janey says, 'Da, foo mony paets is i' da stack.' Says I, 'I kenno, an' careno, as lang as he lests ower da winter.' 'Bit Da, I can wirk it oot wi' Alljibra.' Says I, 'Jibra doo anidder kishiefoo inta dis slackie, so as I git him biggid aff.' Kens doo whin shu cam in wisna shu wrocht hit oot an' cood tell me da number o' paets, an' da persenteege o' oeseless muuld it wis i' da stack. Oeseless, says I, dir naethin oeseless aboot a croft, every dun o' hit 'ill geng i' da bissey. Bit, whin dis lasses gets eddicashion and short kots, dir guid is dune aboot a croft. Man, dere's aboot a nicht, insted o' dem tellin ower een o' Burns' poyams or reedin a shapter oot o' Provirbs, ye hear naethin bit a string o' cuberoots, deklenshons, triangles, an' Gulf Straems. I can assure dee it doo needna be gluffed if som o' dy lasses gies da kye Laetin names an' tries ta muck da byre accordin' ta joomitree, yea, an' haes every rig markit oot A. B. C. D. instead o' da auld names fur dem. Depend doo apon it, eddicashion is playin' da mellishon wi' croftin'. Dere's Janey, shu wid a bune juist as ill as da rest o' dem hed I no taen her trow haand an' lade doon da laa till her. Bit aa da sam, I ken dir a hankerin efter da flesh-pots o' Lerook, whaar dey can hae dir scoop. Dey nivver tink at da toon fok is far mair obleeged ti' da crofter as da crofter is ta da toon. Dat pits me a mind o' an' auld story aboot King Solomon whin he wis biggin da Tempel at Jerusalem. He aye oesed ta geng andooin oot an' in among da warkmen ta see it dey wir comin' troo wi' da wark, an' no sleepin' in

41

aboot da moarnins. Ee day he cam till a stane-mason an' says, 'Wha maks your tuels?' (if coorse, he sade it in Habrew, bit I dunna hae dat langige). Da man sade, 'Oh, da blacksmith!' Dan he axed da joiner wha med his tuels. 'Oh, da blacksmith!' an sae on, fill he wan ti' da blacksmith himsel. Ssays he, 'Wha maks your tuels?' 'Oh, I mak dem mesel!' 'Good,' says Solomon. 'Henceforth I declare you the King of Tradesmen, for you not only make your own tools, but tools for all the rest of the craftsmen.' An so say I is hit wi' da crofter. Fur wha maks it possible ta get bread frae da eart? Da crofter. Whaar coms da beef an' da mutton frae? Da crofter. Wha grows da tatties, kail, an' neeps? Da crofter. Whaar get you butter an' mylk frae? Da crofter. Whaar coms your warm wirsit claes frae? Da crofter. Whaar coms your pork, ham an' eggs fur your brakwist frae? Da crofter's grice an' hens. Man, nearly every eetimtashion it ye pit i' yer mooth coms frae da grund, even da very hefts o' yer knives an' forks it ye aet it wi, da buttons apo your breeks, an' da buits apo your feet coms frae da hoarns an' hides o' da baests raised by da crofters. So, I say, da crofter is king o' dem aa, fur no only does he get his ain livin' frae da aert, bit he maks it possible fur dem i' da toons ta live tu, fur dey canna aet stanes an' lime, an' even if aa da cats an' dugs in Lerook (alto dey ir a trave o' dem) wis made inta rabbit pies, heth, it widna lest dem lang. Na, Joannie, A'm prood ta be a crofter, an' hae da power o' keepin' idder fok livin' besides mesel. So afore doo tinks aboot ony sell, geng dee wis hame an' spaek hit ower wi da guidwife (nivver leet da lasses), an' if doo is sic a fule as ta sell aff, I sall buy dee setnins, bit I nivver tink it doo'll du it."

"Weel, Lowrie, I nivver saa it in yon licht afore. I sall tak dy advice, an' see what Meggie says aboot hit."

"Du doo dat sam, an' mind doo, hit aa depends apo da wan wird — '*Contentment.*' "

Lowrie Tries Artificial Manure

MY Olie, A'm blyde doo's strampit alang; I wis wantin dee ta take a leuk at wir Nort rig, an' a boannie rig he is, lyin' as black as da side o' da kettle.

Weel, what sorro is com ower him, doo's no bune wirkin ony pretikins wi him?

Weel, doo can caa hit dat, bit I sall tell dee da wye o' hit afore we geng furt.

Efter aa dis lekters an' claag its bune i' da papers, Kirsie, shu perswadded me ta try som o' dis Sooth Dung, so da first time I wis i' da toon, I gengs alang yon man at da Cross it Mr Jeemson daels wi'. Dey wir a boannie weel set up man ahint da coonter. Tinks I, hits trooly no tay an' biskits its med yon face. Says I till him, "Whaar's da maester?" He didna juist spaek at wance, fur he wis trang rowin' up a parsel o' tinned apricots an' H.P. sauce till a Bressay wife, bit as sune as he got da string oot o' his mooth, says he, "Da maester is back ower." So back ower I gengs an' fins him. Says I, "I warren ye'll maybe hae naen o' dis sooth dung efter?" "Oh yes," says he, "plenty. Come this way." So I gengs wi' him, in ee door, oot een, trow twartree trances, doon a race o' steps, an up annider stair till a grate laft whaar dey wir an odious scroul, an' da very fluur wis dirrlin. Dis wis a ingin an' a muckle mill rinnin, an' dey wir a young shield filling da happer wi' what I tocht wis rid shingle, bit wis comin' oot juist in a yallow smush. Says I, "Dis is no what A'm efter." "Oh, no," says he, "this is maize for feeding the hens." Heth Kirsie wid trooly be amazed if shu hed ta get a ingin fur makkin hens' maet. Ken you shu's no lang, whin shu's in a tirse minxin up twartree cauld taaaties wi' aetmael an' tay laves fur ta setishfee dem. "Oh, but you know, that's not scientific feeding now." "Maybe no, bit hit fills dem up, an' nane o' wir hens kens onything aboot syance. Bit whaar hae ye dis sooth dung?" "Next door," says he, "come this way." Doon we gengs anidder race o' steps intil a grate galdery o' a place wi' bags o' yon kemikels lyin aboot in fanns. He begood an' rattled aff da names o' hit aa, bit I wis juist as wise as I wis. Heth, hit pat me mair o' mind o' Janey reedin' da line I got frae da Dokter ta gae ta Mr Laing for a bottle o' medsin whin I hed yon windy grieps. "Now," says he, "How many tons do you want?" "Tons," says I, "Man aa it A'm wantin is a coarn in a pokey o' every kind fur ta try apo maybe da trid pairt o' a rig." "Oh, if that's all, then you can get it from Mr Jamieson, I sent him a consignment yesterday; his shop is nearest to you, an' it will save you carryin' it." "Dat's a fack," says I, so I tankit him an' left.

Noo, whin I whins hame, I taks me fit i' me haand an' gengs to Mr Jeemson; he keepit his anunder da coonter, an' hed ta sail o' da peerie boat atween hit an' da aetmael, fur Guid bliss me as hit tants da mael whin hit lies up alang hit; onywye, he gae me a coarn oot o' every bag, an' I got him ta wraet doon da name o' hit an' what hit wis guid fur.

Bit Olie, I'll trooly hae ta tell dee da fun I hed whin I brocht hit hame. Doo kens A'm no sae keen i' da smell as I oesed ta be, bit Kirsie, shu wid fin da smell o' dem sweein sheeps' heds fower mile awa. Onywye, whin I cam in, shu wis furt. I juist lade da bundle frae me haand at da ubie end o' da restinshare, an' set me doon ta fill me pipe afore I begood ta hafsole a pair o' Janey's shune. I wis gottin a bit o' pritty bain an' sprigs frae da shop whin I wis doon. Wi' yon, in comes Kirsie; shu wis won trow wi' da nicht wark an' begood ta fit een o' my auld socks, an' wis axin me if dey wir ony unkin news at da shop. I tald her aa it I wis herd, an' it Mr Jeemson wis gottin hame a crate o' lame an' da haf o' him juist lade athin stap. I wis juist gottin da wirds oot o' me mooth whin shu lowsed.

"Bairns, what sorro in a smell is dis its athin da hoose da nicht? Janey, leuk doo i' da press if dir onything auld its bune staandin." Shu gengs. "Weel, mam, I see naethin bit a lok o' crackins i' da boddam o' da broon bowl, hits grown ower wi' 'oo', an' dir a mouff wi' hit." "Dat 'ill be hit lass, waap hit furt at wance." So dey wir pace fur a peerie start, bit hit wisna lang. I tink da haet o' da hoose wis helpin. I sees Kirsie's nose snipperin up, an' her gaanin roond da hoose, dan shu got oot, "Joanie, rubbit doo dee feet apo da auld bag afore doo cam in?" "Dat did I, mam." "Weel, bairns, dir nane o' you bune at da Whaal Station?" "Na, not wan." says I. Dan shu leukit up an doonower me, an' sade, "Lowrie, doo's no bune onywye?" Kens doo Olie, I coodna keep frae lachin ony langer, bit I grippet da parsel an' shivvd hit annunder her nose. Shu juist got oot,

"Oh my fadder: yons da stink; furt wi' hit at wance afore I cave ower." So I hed ta pit hit i' da barn ower da nicht. Bit, my Olie, I trooly tink it Mr Jeemson is med a mistak, fur alto every bag hed a rid libel, tellin what wis atill him, doo kens hit wis i' da huumin, an he hedna his glesses.

My Lowrie, what med dee tink at he wis med a mistak?

Weel, com dee wis furt an' see fur desell. Noo, sees doo dis twartree kail, every plant raskit up laek a piltock waand, staandin wi tree laves apon him laek a clover an' sorro' hert near him.

Na, Lowrie, yons fule laek things.

I ken, bit leuk doo at da neeps, bide dee fill I poo up een; noo dere's a braw muckle een, coont doo da een.

Weel, I be helpit, Lowrie, if dir no fifteen een apon him, mair as ony shampion tattie I ever saa.

What sade I, dir trooly bune a mistak.

Bit man, what pat doo aboot dis eens?

Weel, Olie, I dunna richtly mind, bit I tink hit wis Fosferous it wis apo da bag.

Weel, man, dat's what dey mak da matches oot o'.

Dat sam: kens doo I tink auld Spokeshave wis richt, whin he sade "Grit minds tink alaek."

Na, Lowrie, hit wis Shakespere.

Weel, weel, I tocht da sam as doo did aboot da Fosferous, an' I keepit a coarn i' da boddam o' da bag ta mak a raw alang every side o' da waal gaet, sae as hit wid sheen laek mareel or a weet match i' da dark, an' be a leddin licht ti' da waal.

Noo, says Olie, what sorro' haes doo here?

Yea, so doo may say. Dis is da tatties, boy, every show ti' dee hench hed, an no a tattie apo dem gritter as a grice e'e.

Man, yon's afill, hits no laek tatties ava. Bit haes doo naethin i' da nort end o' da rig. Hits lyin as bare as da back o' me haand.

Oh, yea, yons what I brocht dee oot ta see, an' I tink A'm fun oot da trubble wi' hit. Hit wis Pitash it wis i' da bag it I oesed apo yon, an' I minxed hit wi' da saandy aets, an' pat hit in, bit in aa my time, I never saa sic a mird of burds as followed me. I cushed, an' fired bungles at dem, bit hit wis aa da sam. Heth, I tink mair cam, da taen wis shuurly tald da tidder it Pitash wid be a medsin ti' dem, so oot o kurriosity an' da wye it dey wir nae smell wi' hit. I scoits i' da neuk o' da bag, an' I be helpid if Mr Jeemson wisna geen me Lodian mael fur Pitash, an' da Loard bliss me as da burds wis bune peckin up da seen an' takkin da mael alang wi' hit fur kitchen afore I cood get hit harrowed in. Of coorse I didna winder at yon mistak, fur da boat's sail wis bune lyin skuncelins, an' he wis juist taen hit oot o' da wrang bag.

Noo, Olie, A'm shawn dee aa da different fruuits it A'm tried wi' dis paatents, so we'll mak fur da hoose, yon scar o' tay it Kirsie is makkin 'ill be trakked be dis time, an' doo'll get a cup afore doo gengs.

Efter we wir hed wir tay, I gengs i' da barn an' fetches in een o' da peerie bags wi' Sulphate o' Ammonia apon him; heth dey wir a braw kniff wi' him still. I sticks him in Olie's face. Says I what du's yon pit dee in mind o'?

Phew! says Olie, I don' no, bit A'm felt yon smell mony a time.

Dat's doo trooly, an sae am I. Minds doo whin we wir bairns, rinnin airrents ta auld Meggie o' da Daal, yon wis da smell it met wis i' da door every time, an' alto dis Sooth men tinks it traetin da laand wi' kemikels is new, an' it dey brocht hit, troo doo me, Auld Meggie wis oesin kemikels afore doo or I wis boarn, for if doo minds, her yard wis aye better as ony o' her neebers.

Dat's a fack, Lowrie, I mind noo, an' som fok tocht it da De'il wis helpin her, bit hit's juist bune da kemikels. Kens doo, Lowrie, I canna help tinking aboot yon kail o' dine; I trooly tink it doo sood shaw hit ta yon man frae da Boord, an' see what he hed ta say aboot hit.

Weel, ta tell dee da treuth, Olie, he's bune here an' seen hit. He wis up aboot some kye a Fursday, an' I got him alang. I took him ti' da kail first, an' whin he saa it, da first I hears is, "Bless my soul. What have you got here? Clover Cabbage, five feet high. Extraordinary." "Yea, so ye may say, an' A'll laekly be made a dereison o' i' da neebrid fur growin' hit." "Oh, no, far from it. You have produced a new variety of great food value. Will you kindly give me the names of the manures used and the exact quantity? You know this may bring you fame." "Weel I sall gie you as near as I can. I tink da name apo da bag wis Pitash Salts, bit I wis oesed some o' hit afore, so I daresay dey wid a bune aboot a gyopen efter, an' I kent dat wis scrimp anyoch, bit Kirsie hed twa packages o' salts i' da hoose. I minxed dem in wi' hit, an' dat eeked hit oot pritty."

Extraordinary, says he, that's Sulphate of Magnesia; I must take a note of that.

Du ye dat sam, bit what A'm mair particklar aboot is what wid ye advise me aboot dis rig it I pat da aets atill?

Oh well, says he, very little can be done this season, but say in October, you dig it over and give a liberal dressing of Nitrate of Soda and Potash; these two together set up a chemical action and liberate Hydrogen gas, which rises through the soil like the bubbles in lemonade.

Dat'll be true, says I, I understaand. Dan dat gas smoars da storey wirms an' da idder craeters at buils atill it.

Perhaps! But this soil seems to be highly charged with sulphur.

Dat in trath, I hoop ye tellna Kirsie dat, or dan shu'll be spreddin her haps an hosiery here instead o' da smokkin barrel, an' gie naethin pace ta grow.

I mean there's no necessity for Sulphate of Ammonia, as it is present in the soil already.

Dootless, says I, hits hed time ta gadder a lok o' things 'i da last fifty year.

Certainly; but when sowing in Spring you should use a quantity of Super Phosphate, which is highly soluble, and along with Nitrogen forms the nucleus of Proteins which is of great value as an animal food; then a little Oxygen compound with Magnesium and Chlorine assists the Chloraphilan function of keeping the plant green.

Yea, yea, I understaand aa dat, bit I tink wir coo is brokkin up an' A'll hae ta geng an' tie her. Kens doo, Olie, yon's a winderfil man; he woups in yon names o' Bible places an' precious stons aboot dis agriculter an' haes hit apon his tung da sam as doo an' I eence hed da Katiges.

Bit, Lowrie, sade he onything mair ti' dee aboot hit?

Mair? He trooly hed a lok mair ta tell me hed it no bune fur da coo.

I lippen doo'll be doein wi' yon rig aa it he tald dee, or what doo can mind.

My Olie, I sall tell dee what A'm gyaan ta du. Whin voar coms yon rig is gittin a guid sloo o' infield midden, an' trath hit 'ill hae da kemikels he mentioned, an' a lok mair, fur atween paet ess, brunt gruel, scrapeins o' da shael, brokkin redders, flukey livers, faas, tay laves, soor heds, an' guid kens what mair, I can ashure dee, dir no a druggist in Lerook it cood tell dee what kemikels wis dere, so A'm gyaan ta try hit whin da saeson coms roond an' we'll juist wait an' see.

Lowrie's Veesiter

I WIS trang, be my tale, dingin in twartree pins i' da daek o' da plantie crub, whin Olie cam up ta me frae da wastard. "Lowrie," says he, "what kind o' a veesiter wis yon it du hed yisterday? Wir bairns saa a motor stoppin an' a man gyaan up your wye. Dey said he leukit laek a diver.

A "diver," na, na, yons da man it coms aboot da waals. Is he no been aside dee?

Na, no yet, onywye.

Weel, kens doo, I tink he maun be a watter diviner; fur, altho' he wis never been here afore, he waaked straught ta wir waal, da sam is he hed been boarn i' da place.

Weel, wir dey naebody at da waal?

Na, not wan, naethin bit a trukked gait an' twa daffocks staandin apo da broo. As I cam up till him, he says, "My good man, is this your well?" Ya, says I, dats hit, me grit graandfaeder hocket him, an' he's been oesed sin syne. We aye keep a troot in him fir nedder troots or clocks can live in bad watter. He says, "Don't you find the water beetles a nuisance?" Na, says I, no wi' daylicht; an' whin ye tak a drink i' da dark ye can aye feel da dads o' dem apo yer lip, an can aesy blaw dem away. "Well, do you call that sanitary? You must clean it thoroughly, cement the interior, run a concrete parapet all the way round, and fix a cover." Says I, micht I ax you, sir, wha sent you here? Wis it da Puir Inspector or da Harbour Trust? (I kent da Trust hed aye been buddered wi' concrete an' watter, baid abune an' below). "No," says he, "I represent Saatan's Authority." I gae a bit o' a start. I tocht I wisna herd richt, alto I did feel a smell o' brimston' an' clority lime wi' him. Bit, as I wis nedder faird fur him or his maister, I juist gengs ta da wadder side o' him, an' says, "I canna doot your athority, sir, bit I tocht you maybe wid be mair i' da wye o' leukin efter kilns. We hae een i' da neuk o' da baarn here, bit —" "Tut, tut," says he, "You pay attention to what I am telling you." "Weel, weel, sir, I sall du dat, as lang as it maks no da rates hicher, fur dir truly hich anyoch.'' Dan he taks a peerie vial an' dembles him i' da waal, an' drapped in a thing laek a Beechman's peel. "Yes," says he, "Just as I thought. The water in that well is composed mainly of hydrogen and oxygen, also infested with aquatic beetlicus and trooticums, while on the surface is allowed to grow the plant syl-i-cum, a danger to health, and a harbour for microbes. Now, says he, "I must report on this well. Has any member of your family had smallpox, St. Vitus' dance, delirium tremens, mal-de-mer, dandruff, perspiring pedal extremities, or other pulmonary troubles.'' Na, Loard forbid! I tink, sir, da warst it ony o' wis is hed is been a mort cauld, da brunt rift, spagie, da branks, gincough, a stane luppin toom, da watter traw, or yuckie plookies wi' haet wadder. Bit, I ashure you, da watter is no ta blame fur ony o' dat, fur, see ye, da troot is still livin', so da watter maun be helty; an, mair dan dat, dere wis me graandfaeder, me faeder, an' tree breedren, not wan wis anunder da six feet, wi' naves it wid felled a ox, an' whin da twa auld eens died atween 80 an' 90, dey wirna a teeth oot o' dire heds, nor a scam apo wan o' dem, an' dey aa drank oot o' dis waal. Noo, sir, tink ye ir dey ony eens da sam age in Lerook, its been drinkin' filtered Saandy Loch watter aa dir life, it cood say da sam? Says he, "I don't know, but had the well been sanitary they probably would have lived longer." Weel, sir, says I, I dunna tink it, nor wid dey a cared ta live till dey wir tald ta mak dir byres inta paalises an' dir waals laek bank safes.

Weel, Lowrie, said doo yon tae him efter he wis tald dee aa da pushin it doo wis been drinkin?

Dat did I, an' man, I wis tryin ta mind een o' yon lawirs' Laetin wirds it Janey wis been learnin at da skule. Hit haes sontin ta du wi' athority. I tocht it wid maybe gluff him, so whin he says, "I will be back in a month. I hope the work is carried out. You know I can compel you," I says, I daresay, bit is maybe "ultra vires". Dir shuurly a pooer o' meanin wi' yon wird fur he guid laek a shot, an A'm no seen him frae syne.

Lowrie's Mistak' An' Weemen's Fashins

"MAN, Olie, da burn is fairly swallin dis moarnin efter da nicht o' distress."

"Ya, I wis noteecin as I cam alang wi yon auld hatch it doo haes lade across wis juist i' da wash. I hoop he waanders no."

"Na," says I, "dir nae faer o' him. He wis aa watter-sabbid an' wirm-aetin, he'll lie. Dey'll laekly be trooters gyaan ower him afore da day is dune; dey aye com efter a uplowsin. Spaekin aboot da trooters, ever herd doo aboot yon mistak I made?"

"Na, no I, what wis it?"

"Weel, I'le tell dee; a Foersday, I wis comin frae da stack doon alang da side o' Truilawatter, an' I sees a jantleman staandin apo da broo wi' a troot waand. He hed on inderubber buits, wi' a lang cot an' his bare hed. I guid brawly kloss till him oot o' kurriosity. I wis leukin at da back o' his hed an' tinkin, heth, onyene at clipped dee hed micht a taen awa yon tivs abune dee lugs."

"Weel, boy, saa doo him gettin onything?"

"He! He micht as weel been tryin' among da green oilger i' da graeff o' wir bank. Onywye, as I cam fornenst him, he turns an' spaeks: 'My good man, are there any fish in this lake?' Yea, says I, dat ir dey, sir. I gurled twa praety fellows a Tiseday yonder whaar da burn rins oot. He spak wi' a kind o' yalderin voice, bit I tinks naethin o' dat as loks o' dis College eens spaeks da sam wye. Says I, A'll shaw you a better place is yon, sir. Wi' yon, he tanks me, gadders up his bulliments, an' coms. Bit, as he opened his kot ta stow away his flees, heth, didna I noteece at "he" wis waerin a green flooered slug, an' wisna a man body ava. Kens doo at I wis dat dumfoondered it I juist points an' says, 'Geng you across ta yon rivik, sir, mem, an' staand apo da clett, an' you'll maybe du better. My kishie is dat heavy it I canna staand. So, wi' yon, I laves. An' ta tink I wis been caain her sir aa da time. My Olie, da craeter most a hed a fivver it shu's peeled laek yon."

"Na, Lowrie, yon's juist da fashion wi dis weemen noo. I wis gyaan ta tell dee aboot Johnnie o' Gord's twa lasses. Dey guid ta Lerook ta get new claes (an' fur a mercy ta dem at haes dem, its no muckle claith its needed noo, an' aye gettin lesser every year), an' didna dey laand hame a Setterday baith shingled!"

"Na, boy, doo's shuurly leein."

"Na, hits true anyoch."

"Weel, ir dey hed da dokter?"

"Da dokter! What fur?

"Heth, dey'll sune ken, da shingles is no ta play wi'. Whin Paetie o' da Knowes hed dem, he juist eskapit wi' his life. He hed a baand o' plooks roond him laek a rid weskit."

"Man, Lowrie, doo's mad wrang. Yons a name it da lasses haes fur da wye dir hair is clippit. A'm herd wir lasses spaekin aboot it, an' trath dir nae want o' names. Dir bobbit, shingled, shami-shingled, jingled, an' swirrled, an' da Eetin crop. I tink da hidmist een is shuurly da name it dey hae fur da men takkin aff dir mistashes. Nae doot hits a grit help ta som o' dem whin dir suppin lentil soup; an' kens doo, Lowrie, gyaan da hale lent o' da street o' Lerook, I hardly saa wan man wi' a hair apon his face, bit aa wi' lang hair kamed frae da broo, so is whin dey lint fore ower hit blinded dem an' dey hed ta keep kinkin dir hed back ower da sam is doo or I wid du drainin a gless. An, dey say tu, it da taechers ir ha'en a tryst i' da skules, kennin da taen frae da tidder, sendin' tings o' boys to da shewin classes afore dey noteece, an' hits little winder, da lasses heds stooed snug, an da boys wi' lang hair."

"Bit, Olie, I saa nae lasses apo da street wi' heds laek yon."

"Man, Lowrie, doo canna see it whin dir furt, dey hae dir heds cuverred wi' yon lempit cuddies it dey caa hats, an' nae sowl can tell what's anunder dem fill dey tak dem aff."

"Spaekin aboot fashions, man, dey wir twa toorist bodies — a man an' a wife — it cam doon ower wir toon ee day, axin me if dey wir ony ruins or moniments roond wir wye. Ya, sir, says I, dat ir dey. Wir byre yonder is no far aff o' a ruin; A'm lippenin da gavel ta rin ony day, an', as fir moniments, we hae Geordie o' Waster Haa, an' he's juist a boarn moniment. I tink dey coodna understaand plain English, fur dey juist smeegit, an' waandered away agen. Bit, what I wis gyaan ta tell dee wis, it dey baith hed da sam kind o' socks, yon lang kind it dey hae ta turn da broo doon, so as no ta budder dem aboot da houghs whin dir waakin. Bit her eens wir juist suckilegs — laekly a auld pair o' a man's wi' da feet past mendin. Wisna shu clippit dem wi' a boannie roond apo da broad o' da fit, shewed a bit o laskit i' da yarkin, an wure dem oot ower her buits.''

"Tinks doo, Lowrie, is yon anider fashion among dis weemen; becaas, if it is, wir eens is been i' da fashion aa my mindin.''

"Weel, Olie, hit may be, dir comin' till a braw pass noo, A'm herd aboot som weemen wearin' da breeks, bit wi dis wadder, dey'll shune aa hae ta du it fur pertection.''

"I guid brawly kloss til him oot o' kurriosity."

Lowrie Seekin' Wyracks

I GOT me a boannie gluff dis moarnin wi' Olie bungin apo da butt windoo i' da first glaam o' daylicht. He cries, "Is doo waakin, Lowrie?" I sade yea, alto ta tell da truuth, I wis naethin mair, I wis kind o' raameesed, fur I wis bune oot late, takkin aboot me coarn o' hay, da gale wis juist blaan hit ower da face o' da aert, an' dan peerie Joanny wis dung in a bit o' tree anunder da keel fael o' da byre gaevel, an' hung a weet bag apon him. An', ken you, wi' da gale, wisna he wouffled aboot nae langer is he wis rivven awa a race o' faels, lavin' da taek gait lyin bare, so I hed yon ta teddyvaat afore I cam in. Hit wis little winder I wis sleepy.

Hoosumever, whin I opened da door, says I, "What ill helt pat dee alang dis time o' moarnin?" "Weel," says he, "da wind is shifted, an' blaain richt in da voe, an' nae doot efter yon burst, dey'll be a lok o' wid driven'." "Bit, coodna doo gaen efter hit desel?" "Dat I micht," says he, "bit i' da huumin da streen, da bairns tald me it dey saa sontin grit soomin aff o' Bretta-Gio, so I tocht doo wid com wi' me. Bit heest dee, Lowrie, or dan da Gord boys 'ill be afore wis." Wi' yon, Kirsie, shu spak up. "Noo, Lowrie, doo's no gyaan athoot da door apo dee fastin hert. Sall I rise an' mak dee sontin?" "Na," says I, "lie whaar doo is, I sall tak a coarn o' stoor-a-drink an' a bannock, alang wi' a morsel o' vivda it doo boiled da streen, hit'll mak good ballest." "Noo, Lowrie, tak care o' deesel. Wid doo no pit on yon guttiporker buits it Gibbie sent dee; dey'll aye keep dee feet dry?" "Dat I will, lass," "Noo, Olie," says I, "while A'm gettin' clair, fetch doo my banks tow, he's hingin alangside o' da glig o' da byre, I wis oesin him dere da streen, an' A'm takkin da tik skoag line tu, we micht need it aa."

Hit wis aesed a lok i' da gale, an' wis juist a scaar o' wind-feed frae da sudwast whin we left, an' we wir geen a braw bit alang da banks athoot seein' onything, whin I leuks ta seawird, an' aboot a boucht lent aff o' Silvagio, dere wis a muckle sastik flottin wi' clakes apon him. "Noo, Olie," says I, "as shunne as he comes athin reck, houve doo da tow, A'm tied in twa stanes reddy." He duus sae, an' I rins oot sae far as I cood ta mitten a hadd o' him. Kirsie tocht it Gibbie's buits wid keep me feet dry, but Guid bliss me, as I wis ti' da hench hed whin da run cam in, bit baith o' wis got him rowed abune da fluud mark, an' afore we lint, we hed fower o' yon eens. Twa' o dem athoot da clakes wis pitch pine. Says I, "Olie, we'll clift een o' yon eens, he'll mak graand laandbands fur dy barn ruif, fur he's trooly needin it." "Ya, dat he wid, bit, heth, he wid be him a yark wi' da aerm saw."

Olie wis geen at da sooth side o' da Horse Hadd ta save some speenie reeds it he saa laandin, whin I sees twa yuffers comin aroond Scarfataing, so I cries on Olie, an' gets baith o' dem laanded an' lade up. I wis shoardin up een o' dem wi' a stane, whin I misses Olie; dan wisna he apo da tidder side o' da clett, huncin among a brook o' tang. He wis pooed oot twa lang reends. Says I, "Boy, lave yon an' com hame trow, we're dune no sae ill dis moarnin." "Na," says he, "A'm takkin dem wi' me, fur if dir fir nae idder oese, dey'll aye stengle a daek." "Weel, A'm gyaan, fur A'm emptied dis buits twise, an' dir no a dry stick apo me." So he cam, an' whin we wir won abune Blediwick I sees sontin i' da shormill. I gengs doon, an' whits hit bit a tinnie as grit as a shappin can, an' foo o' sontin. Dey wir a libel apon him, bit da middle wis rivven awa. At da tap wis "Birds," an' doon at da boddam wis "Powder." Da destructions wis shuurly bune been in atween. Says Olie, "Doo'll better mind deesel, Lowrie, he'll maybe geng aff." "Na," says I, as I prised up da lid, "dis is no dat kind o' pooder, hits aetable be da smell o' hit. Heth, hits maybe whit dey hae fur makkin saps ta dis canaries. Onywye, A'm takkin hit hame. Kirsie 'ill shuurly fin som oese fur hit." Comin' hame I hed ta lach at Olie, fur he hed a skurt foo o' Willie Gunn's caandle it he wis fun, an' da lang reends benon. Every noo an' dan a rower o' yon candle wid faa, an' whin he booed him doon ta get it, da reends wid rick ita da broos, dan he wid caa dem fur everything bit fir, till at lent, I hed ta tak dem apo me shooder alang wi' da speenie reeds.

Whin I wins hame, Kirsie says, "Whit sorro' is dis doo's fun noo — a tay caddie?" "Na," says I, "hits pooder." "Weel, keep hit oot o' here." I nivver leets, bit minxes up a coarn o' hit wi' haet watter laek leven, an' tries Rover wi' hit, bit not wan o' him wid preeve hit, so I waps hit furt apo da brig stanes, an' da hens juist lichted till an' whissed up every millan. "What," sade I, "hit trooly haes sontin ta du wi' fools." I sall gie dem da rest o' hit. Heth, hit'll maybe mak dem lay better."

Wi' yon, Olie coms in. Says I, "Boy, we'll hae ta pit in yon wid at da Customhoose." "Yea, Lowrie, I darsay we wid need ta enter som' o hit. Guid heth, if som o' yon King's men hed da weet hides, an' da tryst it we hae savin hit, dey widna be sae muckle entered." "My Olie, doo's sade da wirds o' truuth, bit A'm gyaan ta Lerook a Wadnesday, an' I sall see da man aboot it." "Noo, Lowrie, doo'll hae ta noteece it hits no ene o' dir holydays, or dan doo'll hae a waste vaige." "Na, yon fok doesna com anunder dis Merchants' Shippin Ack, doo sees dey hae nedder tatties, oo', or eggs ta ship, bit I say, ill trift sit i' da haands it med yon Ack. Twise ower A'm bune sookit in wi' him, troagin a mile o' gait wi' me buudie fur airrents, an' finnin da shop door steekit, wi' Mr Jeemson awa up da burn efter troots, sam as if dey coodna a shippit aa dir guids whin da Earl wis i' da voe afore brakwist. Bit A'm mindin better noo aboot holydays." Says Olie, "sae am I, bit, Lowrie, kens doo whaar dis Customhoose is noo?" "I mind hit i' da Gerrishon, an' i' da Toon Hall, bit I wid tink hit wid be aesy anyoch fun, fur dey'll be loks o' bits o' oesless rid tape an' saelin wax it dir huuved frae dir haand apo da brig stanes. Na, boy, som een told me it hit wis at da fit o' da slachter-hoose rod, bit I'll aye fin it."

So a Wadnesday da kar slippit me at Lowrie Broon's. Doo kens I wis needin' twa spaeds, an' pritty spaeds he hed. He tald me dey wir made o' solid steel, no laek da days whin we wid geng ti' da smiddy wi fower auld spaeds or dan a mitten o' nails ta mak a new een o'. I shoised twa, an' bade him keep dem fill I wan back frae da Customhoose, if ever I fan da place. Says he, "Dat's aesy enough, its just roond da corner," so I tankid him an' guid. I guid in da first door I fan. Ken you, he wis kind o' trachy ta open. I tocht da grease aboot da sharlpins wis maybe sturkened wi' da cauld, bit he lokit aesy anyoch. I waanders up da stenny stairs, fill I wan ti' da tap, dey wirna a leevin soul athin sight, bit I noteeced a lok o' collection boxes. Tinks I, dey maybe hae ta pey afore dey win in here, an' I wis juist fumblin i' me pooch fur a stuur ta hae him reddy, whin a door at me side opens, an' a man coms oot. Tinks I, be da leuk o' his face, yon's a Lawir, I'll hae ta shoise me wirds. So I says, "If ye plaese sir, is dis da Customhoose?" "No," says he, "this is the Educational Office. We have nothing whatever to do with the Civil Service." Bit aa da sam, ken you, he wis ceevll anyoch ta me, fur he cam doon da stairs an' held da door open ta me, an' tald me da place I wantid wis twa doors up da kloss. I tankid him an juist as I wis winnin furt, I sees a bit o' invilop stickin ta me buit. I boos doon ta tak hit aff, whin, da Loard bliss me, as I got a doose ahint it sent me scrovvelin apo me fowers oot da door. Heth, I wis kind o' tirn whin I raise, fur I wis brokkin da stapple o' me pipe, an' me bits o' best claes wis aa geen tremskit aboot me an' elted forby. I maks fur da door again, an' yalled in trow — "Nae tanks ta you, I cood a won oot mesell athoot you shivin me," an' dan I saa hit wis een o' yon venamous kind o' doors it loks demsells. So I juist shacks aff o' me an' maks fur da neist door.

I fan what I tocht wis da richt place, fur da Lion an 'da Unicorn wis abune da lintel, an' data twa bruits ir aye weel ti' da fore whin ye hae ta pey onything ta dis parleymint fok. Onywye, I gengs in trow. Dey wir a klivver laek jantleman ahint da coonter, bit I saa nedder gold strips or buttons apon him. Tinks I, A'm shuurly wrang yet, dis is maybe da dug's office whaar dey get da leashons. Hoosumever, says I till him, "Guid day sir, A'm winderin if dis is da right place A'm com till?" "Well," he says, "it depends on what you require." "Oh, hit wis bits o' wyrack it I wis fun." "Then you are all right, give me the particulars." He taks a wob o' blue paper, laek a haaf blanket. "Name and address, please." I tells him. "Now, what was the nature of your find?" "Weel, sir," says I, "hit wis trooly no muckle accoont. Hit wis juist twa Yuffers an' a Sastick." "What in the name of Providence is that, anyway?" says he, "Is it flotsam or jetsam?" "Na, na, sir, hits juist dat sam — twa Yuffers an' a Sastick. Dey wir hingin' wi' clakes fower knuckle lang an' bored laek a grof siv." "But is it wood or part of a ship?" "Na, sir, hit's wid o' a kind, fur I took a fliss aff o' een o' da ends, an' hit wis juist a bit a swirly trash." "Yes, but what about the Softstick you refer to? Give me its dimensions." "Weel, sir, hit hed nae demensions, fur hit wis juist a grate oeseless runt." "But, surely you can fix a value on it?" "Weel, sir, what Olie an' I tocht, whin we wir spaekin hit ower, wis, it da tree bits wis wirt aboot five shillings, bit dan we wid a needed dat fur savin' dem." "Tut, tut," says he, "that will never do. I will value them at six shillings, you will give me four, which allows you two for salvage, otherwise I will sell by auction." "Weel, sir, I sall tak dem at dat, bit A'm juist tinking apo da twa shillings fur risking me life, an' waur as dat, gettin' a weet hide forby." Bit I paid him an' guid.

Whin I cam furt, I coonted ower what I hed efter o' da money I took wi' me ta pay fur da wid, an' I fan I cood buy a strood o' claes ta peerie Joanny. Ken you, its far better ta enter what you fin' at da Customhoose, fur dir very moaderate, an' I sall tell Ollie dat whin I win hame.

Lowrie At A Picnic

"DID ever I tell dee, Olie, aboot da boannie laandfaa I med da hidmist time I wis in Lerook?"

"No doo, boy. What happened ta dee?"

"Weel, fir ee thing, I wan among da jantry, alto hit wisna wi' me will, fir I sood a bune hame dat day wirkin me neeps wi' da pritty wadder at he wis; bit dir nae fules laek da auld fules."

"Na, Lowrie, I widna say dat, fir dir trooly som o' dis young eens it cood laern wis sontin i' da fulishness line."

"Weel, weel, hadd doo it at dat; bit I wis gyaan ta tell dee it peerie Janey saa a noteece i' da 'Times' aboot a organ fur sale, so I buist ta geng apo da links o' me neck ta Lerook ta see dis macheen, an' if hit wis guid, ta buy it, fur Janey wis juist daft ta get een. I wins ti' da toon wi' da first kar, an' tries ta fin yon man it hed da organ (aa da time hoopin he wis saald her). I axed a peerie shielder if he cood shaa me whaar he bed. Da ting leuks up an' doo ower me an' says, 'Com on, faeder.' Kens doo, I tink he wis blyde ta com, fir he wis singin an' nunnin awa till himsel som forrin thing laek, 'Sele Vele Veet Bom Bom Ya Ya.' I tink he wis scornin da Dutchmen, fir dey wir a trave o' dem aboot. Hoosumever, he taks me a boannie turn, up ee kloss an' doon anidder fill I wis debateliss. Says I, 'Boy, whaar ir we noo?' 'Oh,' he says, 'dis is Park Lane, yon man is flit.' Says I, 'What may flit him, lat wis win oot o' dis.' Da wirds wisna oot o' me mooth afore a soor codlin hed struk me apo da shooder, an guffed ata me face. I jaloosed it da boy hed sontin ta du wi' hit, an' whin I schallanced him, he juist sade, 'What a peety hit fell apo you.' So we gengs doon a trinkie ta da street an' wins till anidder kloss. Dis een hed races o' steps an' flat bits atween, an' we clims fill we wins till a grate ark o' a place laek a kirk. Da boy says, 'Dis is da richt place noo.' So I haands him a stuur fur shawin me (toe he didna deserve it). He glys at it an says, 'Cheerio, faeder, A'll buy War Bonds an' spend da rest ootby.' I never leets him, bit spak awa ti' da man at da door. Says I, 'A'm com aboot yon organ, bit A'm maybe desturbin you at your twal (fir kens doo, Olie, I felt a odious smell o' whisky). Bit I tink I wis late, fir dey wir a man wi' a aeprin an' a cloot rubbin aff what wis spilt apo da table. 'Oh, no,' says he, 'come right in.' 'Noo, sir,' says I, 'what ir ye wantin fur dis thing?' 'Well,' says he, 'I would require £2 10s, but for prompt cash I'll take 50/-.' 'Noo, dat's no sae ill if hit's in wirkin order, bit I tink I see a crack doon here.' 'Yes,' says he, 'to be honest with you, two of the vocal chords got broken in transit, but have been well repaired, and one of the semiquavers, which was slightly twisted, has been glued and is now as good as ever.' 'Micht I ax you wha's pikter dis is it's apo da front?' 'Oh,' says he, 'that's Beethoven, the man who built St Paul's Cathedral, he was the first owner.' 'Weel, dan, hit's a sekon haand thing efter aa?' 'Oh yes, but real good, jewelled in four holes, stamped on every key, and chock full of Harmony.' 'Weel, weel, best ye ken. I'se tak your wird fur it, bit I hoop it nane o' da harmony faas oot i' da Earl gyaan up, fur wi' da dirrlin an' shakkin apo da Baa Green, dey brook a lamp gless ta me no lang frae syne.' As I took oot me cash ta pey him, says I, 'I warren ye dunna ken whan ony o' dis kars laves fur nort trow?' 'No,' says he, 'but go to Market Street and you will usually see them taking in passengers.' So, heth, I maks ower dat wye, an' here wis a bunch o' kars, an' a lok o' fok aa dressed up, gyaan iti' dem. I sees a young shield it I tocht wis com oot in a hurry, fur he hed his bare hed, an' da hair staandin ower end laek a bussim, an' I tink wi' da scad it he wis atill, wisna he pitten his sark oot ower his jackit, an' nivver hed time ta button him fur hit wis aa in a woufel aboot his neck. Says I, "Is dis kars gyaan nort?' 'Yes,' says he, 'just leaving. Jump in. So I wins in ahint. Bit, Olie sic a screed o' passengers! Tinks I dir shuurly a roop som wye, fur we wir prammed laek spoots in a cuddie. I wan neist till a brae herty lump o' a lass, an' herty shu wis, fur shu keepid funnin an' lachin da maist o' day wye. Hit bein' a braaly haet day, an wis aa ruiffed ower, I felt kinda tristy. Tinks I, A'll weet me mooth wi' een o' yon shockalates it I wis bocht ta Kirsie. I hed a trisht gittin me haand i' me pokit, bit whin I got him oot agen, I be helpid if every finger wisna da lent o' twa. Fur a mercy, da lasses didna noteece da aggle, dey wir dat trang claagin, an' I wis dat blyde it yon een neist me hed on a spungit froak, so it a clatch or twa o' broon mair or less wis hardly veesable.

"Wi' yon I leuks oot ahint, an sees it we wir gene ower far. Says I, 'Whaar, sorro, is dis man takkin wis till?' Een o' da lasses get up —

'There's no stop now, Laurence, till we get to Eshaness, where we have the picnic.' 'Piknik,' says I, 'what'n a piknik? Is na dis da passenger kar' Dan dey leuch. 'What a joke! You will just have to come with us now.' 'Weel,' says I, 'since A'm com sae far, it's juist as guid ta be hanged fur a sheep as a lamb. Kirsie 'ill juist tink it A'm been taen wi' da trows so I sall com.' Hit wisna lang afore we wir at da place. Dey got dir proil oot o' da kars, an' we set wis doon apo da girse, an' gets cups o' tay haanded ta wis wi' aa menner o' aetables, alto som o' da boys widna set dem doon an quit plyin da baa. An', heth, I tocht twartree times it dey wid be spullie among da trunchers, bit we guid on aetin. Dan dey wir a boannie lass cam wi' a brod foo o' what leukid laek liver crusies, alto dey wir aa white apo da tap. Says I, 'What's dis noo?' 'Oh,' she says, 'dis is cream cakes, try one, Laurence, they are all home made.' 'Na, lass,' says I, 'A'm getting brawly foo, fur A'm hed aleeven o' yon dubbel sheaves o' lof wi' da flesh atween dem, bit I sall tak een juist ta plase you.' Kens doo, Olie, I wis juist gottin him ta me mooth, whin da baa cam an soaved me i' da face. Dey aa leuch, bit I hed ta geng ti' da burn an' swill me whiskers afore I wis perzantable. So I nivver preeved yon kreme crusies aless som o' da white soolp it guid up me nose.

"Whin dey wir aa filt demsels, dey begocd ta waander be trees an' fowers ta see da place. I guid wi' a lok o' sooth eens ta da Hols o' Scrada an' da Grind o' da Naver, jimpin ower toarney fences, burns an' stanks afore we wan dere. Kens doo, Olie, dis sooth men canna injoy a rale adventir, laek stikkin apon a toarney fence wi' twartree o' da toarns wittered ata dir breeks in a paert dey canna see. Man dey hae nae paeshons laek wis. Onywye we wan dere, an' as we wir comin back, twa o' dem tocht it da Villians wid mak a graand golf coorse, an axed me opinion apon it. So ta lat dem see it I kent aa aboot it (an sae I sood, fur wisna wir boys hame lade twa o' me staaves in stap playin' golf i' da muudow wi' bighters). Says I, 'All at dis golfers want is hazards, an' what better hazard cood dey get dan da Hols o' Scrada, fur if da baa guid doon, dey wid need a niblick laek a tiligram post ta get him oot agen?' Man dey juist leukid taen i' da face o' da tidder, nivver tinking it I kent aa aboot da game, an' sorro thing I herd mair aboot golf. Hit shuurly guid in aboot dem. Onywye whin we cam back, I guid alang me auld freend, Magnie o' Shalderness, ta hae a smok an' a crack wi' him an' da guidwife. Dir hoose, doo kens, is juist athin cry-reck o' da knowe whaar we hed wir fodder, an' heth I fan it hit wis dere it dey wir med da tay, fur whin I cam in, da hertstane wis staandin tick wi' taypots an' I hed ta shuil som o' dem ti' da side afore I cood spit. Bit tinks doo cood I git pace. Na, dere da lasses cam laek sae mony white maas claagin aboot me, an' I buist ta com wi' dem an' gadder precious stons. My Olie, ever herd doo o' precious stons in Nortmavine."

"Weel, Lowrie, A'm seen me oot apon a broo wi' a mad bruit o' a young ox dancin' da yakkie polka aa round me, an' me leukid fur sontin ta knok doon da stake wi. Dan, I ashure dee, ony stane wid a been precious."

"Na, boy, hit wisna dat kind ava, hit wis strippit, fleckit, an' clear eens it dey wantid. Kens doo, Olie, aa da time I wis tinkin what Kirsie wid a sade hed shu seen me sittin apo me hookers i' da ebb peckin shingle till a lok o' young lasses."

"Weel, Lowrie, I cood shune tell dee dat, fur shu wid a juist caaed dee a dereeshin, alto dey can du onything at a piknik. Bit whan wan doo hame, an' what did Kirsie say ti' dee?"

"Weel, as fur winnin hame, hit wis awa i' da mirknin afore I reckit da hoose. Dan I hed ta mak up sontin ta tell Kirsie, bit shu juist whenkid apon her an' sade shu tocht I wis maybe boucht da organ i' da Muckle irk an' been takkin him sindree."

Da Minister Veesitin' Lowrie

MY Olie, what tocht doo o' wir new minister? I saa dee an' da lasses at da meetin' da streen. Yea, we wir aa dere an herd him. Bit, Lowrie, hits no fir wis ta mizzer him be da first sermon. Doo kens its young yule wi' him yit, an dan I tink he wisna gotten ower da delushon it he wis comin till a place whaar da fok wure skens for claes, an ute whaal blubber. My Olie, doo's sed da wirds o' truuth, fur loks o' dem tinks dat, bit dey shune fin oot dir mistak. Bit a' da sam we got a pritty discoorse frae him, an noteeced doo hoo he med da buik-brod dirl whin he taald wis ta be prepared fur whatever happened, bit dir wan thing he'll hae ta du himsel, an dat's ta lat fok ken whan an whaar he's gaein ta veesit. What's ta hinder him ta say frae da poopit, I'll be at Bylafield a Wadnesday, an da Nortoon a Foersday, dan fok wid be clare fur him whin he cam. I hed me a boannie trisht wi Kirsie whin he cam ta wis. I tink wir hoose wis da first place he veesited.

Kirsie wis swilled up twartree plaags — do kens da kind dey dunna laek ta hing furt — an gotten dem apo da raep afore da fire, dan shu wis wishen da taaties an gotten dem an da watter i' da muckle kettel, doo sees we aye boil mair is we need fur wirsels, da grice mites gengs ti' da dukes an da hens. Onywye shu wis peeled maybe a dizzen bits o' herd skate an lade dem benon, so da kettle wis juist reddy ta hing ata da crook. I wis been sittin makkin a kishie (an I needna tell de what laek da butt fluur is efter da job o' wark). I wis cuttid him a' aroond an taen a tive o lowin gloy an sweein aff da ans, whin in coms peerie Janny pechin an yallin, "Daa! da minister is apo da toonmils comin dis wye." Noo, I be helpid, if da wirds hed a bune, "a man owerbuird," dey widna med a gritter steer. Kirsie juist got oot, "oh, my Fadder," an med wan bool fur da cloots apo da raep, yallin at peerie Janny fur da essy brod an' da bussum — doo kens da ess wisna been taen up — bit as shu tirsed aboot, doo'll no hinder da tail o' her kot ta rick atill a vild proint apo da bool o' da kettel, an swash, ower he gengs, watter, taaties, skate, an a'.

Kirsie med a jimp ta keep her smucks dry, bit da kettel followed her laek a steamer towin a watter-lugged boat. Juist wi' yon in coms da minister an meets da tidal wave o' gloy truss an skate skens. He wis laekly pikkit at da door, bit wi' da melody inside, we wir never herd him. Kens doo, Olie, he wis juist speechless, fur him comin frae da hert o' Lundon, I never tink he wis met onything laek yon afore. Bit yon wisna da warst fur I wis taen in a kishie o' neeps ta scad t' da caaved coo, an set dem frae me haand i' da trance, whin he cam in he shuurly managed ta oag by dem, bit wi' da spoot at he med baklins ta win furt agen, his fit wis wittered i' da kishie-baand, an ower he guud wi' a duus. Whin I wan till him, he wis lyin' sprikklin ta win up wi' his head i' da guuit o' da door an a' biggid aboot wi' neeps. I tocht he wis murdered himsel, an bluemeltit his face, bit I saa it hit wis da duus at he wis gene appo da partishon, tryin ta studdie himsel, it wis shakkin doon da plaeter wi' da blaeknin an da brushes af o' da skelf abune da door, fur dey wir lying apo da spune o' his breest, an yon wis da marks it I saa. Hoosumever, whin I helpit him up, says he:- "I am all right Laurence, no harm done. So I — "Bit Lowrie, no ta stop dee, why sorro tookna doo da man ben, an him da minister? What haes do a ben end fur, if hits no ta tak da minister atill?" Weel, Olie, I wid a dune dat, bit i' da moarnin Kirsie an peerie Janny wis gotten a' da pikters aff o' da waa, cleaned da mooswubs frae da back o' dem, an' lade dem ten benon da tidder in roog, dan Kirsie wis taen da ben door aff o da sharlpins fir a paestin brod, an shuurly gettin him slewed, dey wir com at da pikters, an here wis da "Seeven Ages o' man" sklidderred doon aff o' da tap an da coarner o' him led da gless o' Gibbie's first ship, da "Star o' Asia," as sma as mice feet, kerryin awa da jiboom an brocht up i' da hert o' Vesuvius, da burnin moontin it wis pentit apo da back. Kirsie wis juist grieved at da hert aboot da ship; bit awteen broken gless an idder bruck, dey wirna a whaar fur him ta sit. Yon's why I tookna him ben. I wis gaein to tell dee, whin I got da muuld scraeped aff o' him, he sed, "I see you are busy, Laurence, I will call again."

So whin he wis gene, Kirsie, wi' her greetin' een, schallenged me aboot hit, an sed da man wid niver darken da door more, da sam as if I wis ta blame fur it. I juist taald her, if shu hed a bune i' da fashion, her kots wid niver a reckid da kettel (no at I wantid ta see her fashonable, bit I hed ta say sontin). Noo, Olie, tinks doo widna hit been better if he hed a taald wis it he wis comin, dan we cood a bune perpared, fur wha kens, he maybe tinks it he'll be met wi' a uplowsin laek yon at ivery hoose, bit I sall brak it up till him whin I see him agen

Lowrie's Trisht Wi Dugs' Collars

HIT wis a pritty moarnin, an I sees Olie wirkin up at da hill grind, so I waanders up dat wye, an whin I wan till him, here he wis beetlin awa wi' a muckle hammer apon a grate ertfast lump o' stane a' foo o' dis roond yittels. Says I, boy lave yon, fur doo'll niver get him brokkin.

Na, Lowrie, I wid need ta mak a end o' him, for da kye aye snappers apon him comin oot trow da grind.

Yea, bit I tink doo wid better fill up ivery side o' him an lave him. Man, doo's swaetin, lin dee a momint an tak twa draws, try doo a fill o' dis new kind o' jantry's tabacha, Nyassa, I tink dey caa hit. Janny bocht hit fur a trate ta me whin shu wis in Lerrick.

So whin he wis gotten fire atill his face, says he, Lowrie, herd doo aboot dis sheep wirryin at's bune gyaan on ti' da wastard?

Dat dit I, an better as dat, I herd dey wir gotten a hadd o' da haethins it wis bune duuin hit. Willie o' Soothtoon taald me it een o' da men at wis lost a lok o' sheep cam apo twa unkin dugs i' da hill wi' bluid aboot dir shocks an' he mittened dem baith, een in every haand an' lockit dem up.

Heth, says Olie, he's bune a noble shield it cood teckel twa mad dugs laek dat.

Yea, dat he is, bit, my Olie, da warst wis dey hed on nae collars, an hits keeked up a braw steer among dis men it leuks efter dat. I hed twa wirds wi' een o' dem mesell, bit I sall tell dee what happened. A Tiesday, efter we wir gottin wir brakwist, Peerie Joanny cam rinnin in tellin wis it dey wir a unkin man wi' buggie breeks comin aroond da neuk o' da park, an' makkin dis wye. I scoited furt, an' heth he wis richt. Says I, hit's shuurly yon man its gyaan trow da perrish aboot da dugs' collars. I yalls ta Kirsie, lass grip a hadd o' Rover an' bring him here, I maun git sontin aroonds his neck at wance. Shu brings him, an' I recks fur a bit o' tow wi' a haf o' a tally apon hit. I wis juist taen it aff o' a bag o' wirsit it wis com frae sooth, an' hung it frae me haand apo da maidens o'

Kirsie's wheel. I tied twa woups o' yon aboot Rover's neck, an' oot he sprits barkin, an' I follows. Here wis da unkin man apo da brig stanes straikin him an' leukin at what wis efter o' da tally. Rover wis staandin brawly paceable, shuurly tinkin it da man wis gyaan ta tak aff da tow, fur he wis never oesed wi' onything aboot his neck (alto I didna tell da man dat). "Good day, my friend," says he, "that's a nice dog you have." "Yea," says I, "he's a paceable bruit, an nivver bune oot o' da hoose ee nicht frae he wis whalpit." (Doo kens I wis herd aboot da wirryin).

He stude fur a start glowerin at da toarn tally apo Rover's neck, dan he says, "I presume your name is Mr Hunter." "Weel, Sir, I hoop ye fin nae faat wi' me name, fur he's trooly a guid auld Shetlan' ene an' kerried be as guid men as ever left da Islands. Dere's me twa kushins, Seemon an' Erty, baith skippers noo. Hit wis only last mont at we herd at Seemon's ship, da 'Southern Cross', cam aroond da Cape o' Good Horn in a flyin' hurrikane, ran trow twa ti-foons, a sycloon, an' a watterspoot, bit he broucht her ta Vancouver athoot a scam apo her." "But, Mr Hunter?" "No ta stop you, sir, een o' da owners wis dat plased it he wanted him ta mairry his dochter, bit Seemon taald him he wid redder hae a bag o' golf clubs, an' a meersham pipe." "Yes, I understand, I have no objection to the name whatever." "Na, sir, nedder ye need, fur Seemon is well connected oot forrin. Ken you, high boarn leddies veesit him mony a time. He caas dem Sireens, Madonnas, Venus an' Dinah. Yon's shuurly da names dey hae fur da nobeelity oot dere."

"No doubt, no doubt, but I see you call this croft 'Brora'. I suppose these names all have some meaning." "Oh, yea, dat dey trooly hae. Brora, ye ken, coms frae da Greek wird 'shun', meanin a dub or bug, an' heth ye wid a sade it deserved its name hed ye seen da place afore I took up da stanks at da fit o' da rigs. Bit nae doot you'll be hockit a lok i' da Greek da sam as mesell, an' kens aa aboot hit. Bit mind you 'Brora' is no a kurrious name ta some o' da crofts. Dir som at maks you wae, laek 'Purgatory', 'Graveland', 'Da Tombs', 'Caldback', 'Sodom', an' 'Buggery'. Idders kind o' ellivates you, laek 'Paradise', 'Blythoit', 'Come-ta-haand', 'Glory', an' 'Wilcom'." "Yes, yes, Mr Hunter, your talk has been very interesting, but we are wandering from the subject. Now, for instance, do you consider the collar on your dog to be efficient within the meaning of the Act." "Weel, sir, I maybe dunna understaand, bit wid you turn up your buik an fin whidder collars hae ta be med o' gold braid, dintle, or ki-aar? Ken you I dunno tink you'll fin' it, so we micht as weel say it Rover's collar 'ill du, fur dir a name an' address apon hit, an' what mair du you want." "All the same, Mr Hunter," says he, "you know that you are not fulfilling the law, that paper label may get torn off at any time, then where are you?" "Weel, sir, A'll be here, an' Rover tu, an anidder tally can aesy be pitten on, dir shape anyoch, an' as fur keepin ta da law, if I did dat, I wid kerry da collar i' me pooch whin I hae da dug i' da hill, an' whin I com ti' da rod or da highwie, fix him on, cross da rod, an' tak him aff agen. Bit tink you wid I du dat. Na, whin I see a guid law I aye impruuve apon him, so I keep da collar on aa da time an' mak nae odds edder hills or highwies."

Boy, what sade he ta yon? I tink doo hed him yon time.

Weel, Olie, he juist rexed himsell up ower, set oot his stammick, an' says, "Mr Hunter, as there is some ambiguity regarding the authenticity of your statement, which contains quite a number of inexactitudes, I will report the matter to head-quarters, therefore I wish you good-day." "Oh, guid-day, sir, bit mind your fit wi' yon shiggly stane at da side o' da runnick."

Boy, what tinks doo meant he wi' aa yon rattle o' jaw-brakkers?

Guid kens, Olie, I tink hit means it he wis vexed he cam, bit I wisna soary ta see him gyaan.

Weel, Lowrie, luut doo da jantleman geng athoot tellin' him dee richt name?

Dat did I, Olie, doo kens he kristened me himsell, an' alto Mr Hunter maybe shoots me, I still laek me auld name.

Lowrie Efter Troots

DA streen, I owertook Olie a peerie bit below da Pund, makkin fur da shop. I wis apo da sam airrent mesell, fur Kirsie wis makkin puddins, an shu buist ta hae kervie seeds an' seenamin ta pit iti' dem, alto dey wirna a dun athin da hoose. Heth, I tink dey tasted a hantle better whin dey wirna sae muckle o' yon rid ess pitten ati' dem, an' I taald Kirsie dat. Shu sade, if I wid only geng ti' da shop, shu wid mak baith da lungies an' da reed athoot da seenamin since I laekit dem dat wye, so man, what cood I du bit geng.

Says I, "Olie, tinks doo is dis day or twa o' guid wadder gyaan ta hadd?" "Na, na, my Lowrie, sees doo oot at da hed yonder, dir ower muckle upsook aboot da shore fur dis ta lest." Wi' yon he gies me a nudge, "Boy, dat wis a bummer." "What?" says I. "Weel, did doo no see yon troot laek a sade it booled aff o' Neb-o-baa?" "No I, bit hit means mair budder ta wis if dir mony o' dem i' da voe." "What wye dat, Lowrie?" "Weel, did I nivver tell dee aboot da man it wis waanderin aroond here whin dey begood wi' yon fule laas aboot da troots?" "No doo, boy, Wha wis he?" "Oh dat I kenno. He first axed me aboot da kye, an' what laek da crop wis dis year, dan he scoited oot alang da voe. Says he, 'This would be a fine place for herring or mackerel setting in.' (I wis gettin kind o' dubious o' him be yon time). Says I, 'Sir, dat hit trooly is. A'm seen bings o' herrin in here dat tick it you cood a waakit ower dem.' 'Indeed, do you net them, or how do you catch them?' 'Oh, we juist set a net yunder across da twa points. Da hidmist time it Olie an' I set him, we got twa cran o' pritty herrin, an' saated dem doon fur winter fish. Ken you whin da taaties ir guid, dir no a better diet it ye can sit doon till as taaties an saat herrin.' Says he, 'I won't deny that herrings form an excellent food, containing as they do, phosphates, proteins, carbon, nitrogen and vitamins of great nutritive value.' 'Dat sam, sir, I dunna doot yer wird, bit dey wir naethin o' aa yon i' da eens it we got, fur whin Kirsie guttit dem, dey wir juist spleetin wi' raan.' 'Yes, yes, says he, but do you ever get any trout in the net?'

'Troot? Oh, yea, A'm seen a antrin een tryin ta win i' da net, bit we juist cush dem awa. Yon time it I wis spaekin aboot it Olie an' I got da twa cran, I saa a muckle een makkin fur da net, bit I got Olie ta huuve stanes at him an' fleg him, so he guid. Ken you, da haethins ir juist as bad as da hoes fur gluffin da herrin, an' whin we try fur herrin, we want herrin.' 'I suppose,' says he, 'it will only be an occasional one you will come across.' 'Dat sam, sir, an' da fewer da better, fur dir nae oese ta wis, an' only a budder.' So wi' yon, he leuks at his watch an sade he hed ta be at da Manse afore five. 'But, by the way, I have heard of certain tackle called a hoover being used for catching trout, and as I am entirely unacquainted with the various methods used, I would be glad if you could enlighten me.' 'A hoover?' says I, 'I kenna what dat cood be, aless it wis a huuvie.' 'That's it, that's the name.' 'Weel, weel, A'm dootful if dir een left i' da perrish noo. Ye ken hit wis an auld fashioned thing it cam ta Shetland wi' Sir Walter Scott, whin he wis troagin aboot da Ness gadderin bruck fur yon book o' his 'Da Pirate' '' 'Oh, how very interesting.' 'Yea, an' dey wir mair interestin' things it we hae ta tank him fur. Dere wis da young toorists frae da Hotel tryin ta grip my mares i' da hill, an' whin I shallanced dem aboot hit, dey tald me it da ponies belanged ta naebody, an' dey cood ride onywye dey laekid apo dem, fur dey red dat i' da 'Pirate.' Says I, ye can du dat whin ye buy dem, bit A'm wantin nae pirates in wir hill, rinnin awa wi' me staigs. Ye wir spaekin aboot a huuvie, hits juist strukken me it dir a auld een it belanged tae me graandfaeder lyin apo da twartbaks o' da barn, so if ye wantid ta see hit tried, ye cood com ower here efter dark (hits nae oese wi' daylicht) an' I wid try an' mind da wye ta wirk hit, alto hits a score o' years frae hit wis oesed, still hit micht hing tagedder, juist ta shaw you da wye o' hit.' 'My dear sir, I will be delighted to come, and will pay you for your trouble.' 'Hit's nae trubble. A'm aye blyde ta shaw a veesiter da wye wir forefaeders wrought. Com ye ta da brig aboot seeven o'clock, an' I sall be dere.''

''Weel, Lowrie, doo wis a fule ta shaw da jantleman da huuvie.''

''Na, bide dee, Olie, fill I tell dee. I got een o' da Gord boys afore dayset, an' we laid a plank across a brawly deep hol up at da daekend, an' took da auld sillock-pock oot o' da skeo, an' we met him at da brig. Says I, 'Sir, hae you a blinkie?' 'I beg your pardon.' I says, 'Hae you a licht o' ony kind.' 'Oh, yes, I have got an electric torch in my pocket.' 'Weel, weel, keep you him dere eenoo. A licht ye ken, i' da burn is kind o' suspeecious, an' we widna get pace.' 'Oh! certainly, but where do you start.' 'Oh, com ye dis wye.' So I led him ta da end o' da plank, da end it wis kind o' firm, da tidder end wis apon a noopie o' a stane. Says I, 'Geng you carefully oot aboot da middle an' set you doon, dan whin dir twartree troots i' da huuvie, you can sheen your blinkie apo dem, an' you'll see da hale performance. Da licht 'ill no maeter dan, we'll be trow.' 'Thank you, that will do nicely, but may I ask, how do you prevent the trout escaping from the net?' 'Oh, we hae a auld sock shuued apo da end, an' dey stick dir nose atill him, in dir juist smoared, bit I sall shaw you efter. I tink dir twa muckle eens yonder, I heard da hush o' dem. 'So, Joannie, doo'll huuve ta stanes i' da hol abune, an' A'll hadd da huuvie below.' Joannie maks oot it he's grovlin fur a stane, bit stramps apo da coarner o' da plank, it wis lyin' apo naethin. Dan cam da yall an' da bumble. Says I, 'Fadder o' Mercy, Joannie, da man is i' da burn.' Atween wis, we puued him oot an' Joannie guid ta da Manse wi' him. Kens doo, he guid dat kliverly it he nivver wirt tankit me, bit, if A'm no mistaen, he hed sontin ta du wi da Saamon Fishin' Ack.''

"Bit, Lowrie, tald doo da jantleman it I huuved stanes at da troots?"

"Dat did I, Olie. Doo kens, he wis axin fur it. I tink hit did nae haerm, fur hit wis nae time efter yon, I saa i' da paper it da Coonsil wis gyaan ta stop ony o' wis settin' nets ta get twartree winter fish, bit wan o' da Coonsillers stak up fur wis laek a brick. Da Loard bliss him. He wis edder seen yon jantleman it I wis spaekin wi' or dan he wis maybe hed a net set himsell sometime, an' kent what a budder dis troots is ta da puir crofter."

"Weel, Lowrie, I nivver red yon Saamon Fishin' Ack, fur I tocht hit hed naething ta du wi' wis. I wid juist a shune tink ta fin a skate in Eela-Water as a saamon in wir burn, alto I maybe widna ken him whin I saa him. Dey say he haes a heuk anunder da lower jaw laek a blade o' da tengs, bit da only een I ever saa wis a boiled een in a tin at da Hillsook Show, an' dey laekly lave oot da sheeks o' him whin dey tin dem."

"Doo wis spaekin aboot da Ack, Olie, bit ta tell dee da truuth, I coodna mak muckle o' dir new Laas, bit what I cood gadder wis, at da lairds wis gyaan ta sharg sae muckle a day fur a craig saet ta catch troots, an' dey wir ta be nae nettin', sperin', or gurlin."

"My Lowrie, wisna hit a mercy it dey left oot da piltlcks, bit A'm juist tinkin aboot da unfairness o' dem shargin da trooters be da day. Coodna dey a med dem pey tippence or trippence a score for what dey got."

"My Olie, if dey hed dat i' dir Laa, som o' dem wid hae a shape dy's fishin', frae what A'm seen."

Be dis time, we wir won ta da shop, an' Merran Gilbertson wis juist com oot wi' her kishie o' airrents, so I wantid ta spaek till her, an' see if shu wis hed ony wird frae Mimie it wis i' da Gilbert Bain. Says I, "Olie, A'm gyaan back a bit wi' Merran."

"Boy, Lowrie, afore doo gengs, I forgot ta ax dee, did doo ever fin oot onything aboot yon Deratin Ack?"

"Na, Olie, nivver spaek, man, hits laek a raeffeled hesp. A'm juist stimin ower him, an' I sall lat dee ken efter, if I fin ony peckins o' sense trow him, bit A'm dootfil."

Settin da huuvie.

Lowrie On Evolution

MY Olie, is doo reedin dis bruck at's gyaan trow da papers eenoo aboot coontin ken wi' monkeys?

"Dat am I, Lowrie, an kens doo I fin hit very devertin. I hoop at dey geng on wi' hit a while langer, da ten yirpin i' da face o da tidder aboot dir forbears."

Weel, says I, hit is devertin in a wye. Man, da streen I wis scrimin ower een o' dir letters, yon een whaar da man wis pitten his name at da boddam, ANTHROPOD. Says I ta Janny, "lass wi aa dye laer, doo micht a fun oot what dis man's name meens fur sorra thing I can mak o' hit." Oh, says Janny, "hit means wan o' da higher monkeys, resemblin a man." Dat sam, heth he ocht ta ken aa aboot hit.

Bit isna doo seen, Olie, whin folk hed noo an sae forebears, dem tryin ta hoid it, fur whin dey fell oot, an a toillie cam, hit wid aa bune cassen up ta dem. Doo minds auld Nansey, whiever we got her in a tirse, man shu wid rake up aa it wir forefaeders wis dune, an' what laek dey wir, yea fur six generations back.

"Yea, I mind her weel anyoch, dey needed nae Registeer i' da perrish while Nansey wis ta da fore."

Weel doo sees, noo Olie, it hits da tidder wye aboot. Dir dat prood it dey cam frae yon hairy craeters, it dir tellin wis aa aboot hit, an dir even tellin wis what monkeys is made o' Plasms, I tink dey caa hit. So noo, if a body wants ta raise a faemily, aa it dey hae ta duu, is ta tak a hanndfoo o' hush oot o' dis stank (doo kens he's foo o' Plasms), an pit hit in a bottle wi' a coarn o' sugger an traekel, an watter, da sam as we oesed ta duu wi' da ale-plant, an' da faemily juist growes.

Man, Olie, dis Everlution is a kuurious thing. Do'll mind Tamar o' Fladda's second boy, Willie, him at cam oot as a taecher. Weel, whin he wis hame fur his holydays, I oesed ta tak him aff ta da eela, an he wis juist shock foo o' dis Everlution, an' wid sit an' ruued aff o' him aa da time.

Says he, "Laurence, did you ever cut up a whale?"

Ya, says I, mony a time.

"Did you ever find any remains of legs and feet?"

What says doo, legs an' feet apon a whaal? Na, never a wan.

"Well, you know, they once walked on dry land."

Weel, says I, am blyde dey canna duu dat noo, fur he wid be a sicht ta see a Bottlenose comin strampin up trow wir rigs.

"Oh, but that was thousands of years ago."

Och, weel, dan dir legs ir hed plenty a' time ta be rubbid aff apo da boddam frae dan.

"But you know, Laurence, we were all fish at one time, our lungs are simply gills developed."

Dat in trath, alto kens doo Willie, whin doo spaeks aboot dat, I wis at da meetin da streen, an wis sittin richt ahint auld Jarm o' Stoorie, an Guid bliss me, as da back o' his neck pat me in mind o' da hed cut o' a puir John.

"Now, Laurence, why won't you take scientific truths seriously."

I, I, A'm serrious anyoch.

"Well, did you ever notice how the hair on your arm grows up from the wrist to the elbow, and down from the shoulder to the elbow."

Ya, dat am I, bit what aboot hit?

"Well, its simply a relic of your ancestors when they used to sleep in the trees, with their hands clasped above their head, the rain would run down along the hair on their arms, and drop from their elbows without wetting their skin."

Maybe, says I, heth I tocht hit wis a wise pirvishon o' Naeter so as no ta lat da hair raefel wi' da oo' apo yer joopie.

Kens doo, he wid geng on laek yon da hale time, sometimes niver noteecin his waand, an even whin we cam hame wi' wir twartree piltocks, he pointed ta Rover layin him doon. Says he, "Did you observe, Laurence, how Rover turned round serveral times before he lay down?"

Ya, says I, he doos yon mony a time.

"Well, do you know he is obeying an impulse transmitted from his ancestors who were prairie wolves. The wolves, before lying down for the night, always turn round several times so as to lay the long grass and form a bed."

Weel, my Willie, doo's shuurly bune dere an seen dem, bit I can ashuure dee at Rover is juist tryin ta shak oot ony muuld an craeters its among his oo'.

"No, ta stop dee, Lowrie, tinks doo ir dey ony mention o' truuth in hit ava, at wir forefaeders guid apo dir fowers, klimmed da trees, an uute coco-nits?"

Weel, my Olie, if dey did, hit wid a bune a braw start afore my mindin, an dan aless dey baed somwye aboot Busta or Tresta, dey widna fun mony trees ta klim. Bit duus doo mind auld Tammie o' da Burns, doo kens he hedna muckle hair apo da tap o' his hed, bit dey wir as muckle aboot his e'ebreers as wid a med a six score hap, an' his fore teeth stuud oot frae his face laek da legs o' a tress. Heth, mony a time I tocht he wid a med a braw holl in a bowl o' run mylk. Bit Olie, if doo hed a seen him atween dee an da windoo peckin a bane, doo wid a sworn he wis sutchkin ta een o' yon baboons it dey fin apo da Rock o' Gibaralter.

"My Lowrie, doo's spaekin da wirds o' truuth, fur if ever a tail wid a shootid onybody, an no leukid oot o' place hit wid a bune auld Tammie, an man hoo haandy hit wid a bune till him, whin Baabie taald him ta poor da denner taaties, dere he cood a heukid his tail aboot da lintel o' da door, an oesed haands an feet ta wrassel wi' da kettle."

Ya, an if he cood a curled da tail aboot da crook baak, heth he wid a bune da missin link at wance.

Na my Olie, sees doo whaar da sun is, ower da shooder o' Noonsverd. He's ivery bit o' fower o'clock, an wis staandin sheeksin here aboot things it can duu nedder doo or I ony guid. Kirsie 'ill juist be baak high at A'm no been wi' dis Kishie o' neeps ta da kye. Bit A'll see dee agen, efter we get da paper an hear what mair dey hae ta say aboot dis monkeys.

So long, boy.

Lowrie In Hospital

MINDS doo, Olie, yon time I hed da vild turn o' da gulsa, dee tellin me aboot yon nobel shield it dey hed i' da Gilbert Bain, him it kens your inside a hantle better as doo kens da inside o' da moorit hug it doo slachtered a Foersday?

Ya, I mind weel anyoch, bit what aboot him.

Weel, do'll maybe no beleeve me, bit I hed ta com annunder his haand at lent, an I wis gyan ta lat dee ken what I guud trow.

Boy, duu sae, I'll be trooly blyde ta hear.

Weel, whin I wan ta da Hospital, here wis a lok o' lasses fleein aboot laek white maas. Kens doo, dey wir ower blyde ta see me, fur een o' dem bade me set me feet up ti' da fire afore shu got me sontin i' me mooth. Back shu coms in a peerie start kerryin a wecht wi' twa glesses o' pritty laek snirkim, so I tankit her an' drank her helt. Bit ta tell dee da truuth, Olie, I wisna very kuurious fur I felt a filty waageng wi da first een, bit I juist did it ta plaese her. Noo, I begins ta leuk aroond me. Hit wis a braw lang kind o' a room it I wis atill, wi' a raa o' beds alang ees side, dan at da far end wis a gless hoose. I tink dey caaed it da incubater. I noteeced it dey wir shuurly hed da ful force o' da hidmast gale, fur apo ee side da windoos wis aa shoored up wi' broken umbrellas. Here da Mistress o' da hoose coms an' begins wraetin doon me life histiry, da sam as da session clerk wanted whin Kirsie an' I mairried. Heth, I tald her everything shu wanted ta ken, an besides, at Kirsie wis twa year younger dan me. She juist leuch an says — that will do. So I turns me ta da fire agen, bit afore I cood say six, didna een o' yon lasses open da neck o' me sark an' shiv a thing laek a gless kalifine, richt athin me oxter anbade me keep it dere. I felt kinda affronted, an' I tink da ting o' lass wis soarry tuu fur she guid ta shak haands wi me bit heth I coodna get shakken wi her, fur shu held me be da shacklebane. Dan I saa it aa hed a meanin', so whin yon tittie it gae me da scaar o' dram gengs by, says I till her, whaar lie I da nicht? Shu juist pointed ta een o' da beds inby da shimbly an says — that's your one. Tinks I, yon's mair laek a skelf ta what wir guid box bed i' da butt end is. Heth Kirsie an' me wid hae little room apon a thing laek yon, even if we lay laek spunes. So, says I, whin A'm warmed me feet, I sall geng.

Efter I wis hed me smok I tirds aff me claes an' maks ta lay me doon, bit een ta sorro o' da blankets cood muuve. Hit wis a yerdfasted anunder da bedseck, bit fur a Loard's mercy dey wir a openin at da tap, so in I oags fil me feet brings up apon a haet pig. Noo dis wis fine, bit be dis time da nicht watch-woman wis com. I wis juist dwaamin ower whin shu gae me a gluff as shu reissled da bed ta da waa dan puued him straight, pooskit in aboot da bedspread, an' axed me if I wis comfortable. Says I, Yea, afore you cam. She left me wi' a dirl, no weel plaesed, bit I sleepit fine till early i' da moarnin, whin didna I feel a haand trivellin aboot me taes, an' afore I kent, wisna da pig awa. I felt dat vexed it I didna rise an' mitten da haand it took him, bit I wis blyde efter fur a haeter een cam instead. Bit wi' aa, I got na lang pace ta lie, fur whin I leuked up, here wis I, biggid aboot wi' daeks laek a plantie crub, an' da nicht watch-woman inside. I wis kinda raamished, an' wisna gotten da gurr oot o' me een, whin shu bade me turn me ower. I shuurly wisna kliver anyoch, fur shu reesilled me ower laek a bag o' wylks, an' did ta me what nae man or woman ever did afore, da hizzy. I winna say what it wis, bit I can tell dee, I lay na lang efter dad, bit hed ta rise an' rin laek Willie wi' da pooder.

Man, Olie, if doo only saa dat boannie tings o' nurses wi' dir unpiped mutches, white belly-baands an brod strops crossed apo dir backs, dir juist a trate ta leuk at.

Weel, Lowrie, I ken no, bit I tink if I hed a gotten a wird in Kirsie's lug I wid a told her ta veesit dee.

Oh, doo needna a fashed, fur I told her mesell aboot dem. I tink anyoch canna be sed aboot dir paishans. Man, if doo hed da kantankeris haethins ta dael wi' it dey hae, doo wid be daft in a week. Hit's naethin fur som o' dem ta be yallin fur twa submarines an' a cruiser afore brakwist.

Weel, my Loard, Lowrie, fok laek dat sood a bune in Montrose. What diel want dey o navy ships i' da Gilbert Bain?

Man, Olie, doo doesna understaand, bit I sall tell dee aboot it efter.

Whaar wis I? Oh yea, I wis gyaan ta tell dee aboot da operation paert o' hit. Hit wis trow da forenune it yon black c'ed tittie coms an' tells me ta pit on a lang kot it shu wis brocht an stik me feet i' da pantans an' com wi' her. Shu took me till a room it leukid laek a mylk hoose, da kind dey hae in Lerook noo. Everything wis laek da driven sna. Dir shuurly been scoorin apo yon room sin da place wis biggid. Dey wir twa dokters dere, an da mistress o' da place. Shu kinda lached an' bade me klim up apon a vild hich an nairrow bed laek thing. Says I, A'll maybe faa aff o' yon whin yer hockin aboot me. No fear, says shu, up you go. I du's sae, an' een o' da dokters stiks yon pipe things in his lug an lissens fur me hert. He wis shuurly pumpin richt anyoch, fur he taks a haand-foo o' cottin 'oo' an' guid ta blaw me nose. Says I, I hae a sneet cloot i' me pokit, dokter. Yes, yes, he says, that's all richt, you lie still. I du's sae, bit, my Olie, fur sic a feelin. Dey wir a haet uune it cam ower me, an' I tocht I wis faain doon a grate waal, baith da mistress an' da black eed een flottin doon alang wi' me. Dey hed white wings growin' oot frae dir heds laek muckel windspels. Dan I laanded in what I tocht wis da graef o' a bank an' I kent nae mair.

Hit lookit laek a year efter whin I opened me een an' saa da white mutch o' een o' da nurses atween me an' da windoo. Heth, tinks I, A'm still apo da fitstuul, an' brawly snug wi' a haet pig apo every side o' me. So I lies still an' dozes awa fill da tidder moarnin athoot preevin a eetimtashon.

Weel, Lowrie, I tocht doo wid a needed a drap i' dee mooth, efter what doo wis geen trow. I hoop dey didna fant dee.

Fant! Man, hit wis da tidder wye aboot. A body wid a needed lackie laek a bow bag till a hadden aa it dey cam wi'. Bit I sall tell dee da rule o' da rod in case doo micht be in deesell sometime.

Na, Lowrie, Loard forbit.

Weel, weel, I can tell dee onywye.

Juist apo da stroke o' five i' da moarnin, Maria, da new nicht nurse coms in wi' wir cup o' tay, gyaan frae bed ta bed waakenin onyeen it wis sleepin ower soond, be singin da korus o' "Bonnie Dundee, take up your cup, an' tak up you can." Hoosumever, we wir nae shunner gottin da cup o' tay athin wis, an' her taen awa da empty luums, afore back shu coms kerryin da gless kalafine. Yon wis ta tak da haetness o' me bluid, an' alang wi' dat, shu fan oot hoo mony dads me hert wis makkin. Dan shu whestioned me laek a lawir aboot me inside, an' doo'll no hinter her ta wraet hit aa doon apo yon map thing at da hed o' da bed. Heth, if I hed only kent I widna taald her sae muckle. Yon wis aboot haf past five. Tinks I, dey'll be pace noo, so I gets me pipe filt an' hed twa draas, whin da first I sees is Eppie apo ee side o' me an' Maria apo da tidder leukin doon at me. Says I, what's dis noo? Oh, we are making the beds. Weel, says I, I canna geng furt. No, but you need not bother, just lie still, an' I be helpid, Olie, if dat tings o' lasses didna mak da bed an' me lyin apon him, an' heth I felt a lok better efter hit, fur dey wir a lump o' yon indeerubber packin gottin in a snurl anunder da sma o' me back, so hit wis nae winder I dremt it I wis sleepin apon a pock haandle.

I wis juist gotten me pipe lichted agen an' lyin rookin awa whin in merches Clemmie wi' a sap o' watter in a tin luum, aboot as muckle as wid a bune a kaf's drink, an' sets yon afore me. Says I, A'm no tristy. You stupid, this is water for your face, an' kens doo, Olie, alto I traepit wi her it me face wis clean, yit I buist ta swill aff o' me coontenance afore shu wis plaesed. Da maist o' wis cood only mak a cat's wash at da best o' hit, bit ony een it coodna manage ava, dan up guid Clemmie's sleeves, an' shu dichted dem doon fill dey wir sheenin laek a coco tin. Yon wis apo da shap o' seeven o'clock, an' we hed da maist o' an oor o' pace. I wis beginnin ta feel kinda tuume whin I herd da rattle o' trunchers, an' in coms Georgina an' Clemmie kerryin gruel an' mylk ta every een o' wis. Dan apo da back o' yon wis a guid cup o' tay, an' twa sheaves o' lof clined wi' butter. Clemmie caeed een o' da sheaves (it wis kinda scuudered) tost, bit, heth, I juist tossed him doon alang wi da rest.

Noo, he wis comin' ta nine o'clock an' I feels kinda stented, so lies back ower ta solist. Doo kens I wis up apo me elbick while I wis aetin. Bit I gets a boannie gluff whin da bed wis reeseled ta da middle o' da fluur, an' Mary Grace, da peerie black tink, begins sweepin da fluur, an' dustin, aff o' da tap o' every man's antimacasser — yon box thing it staands atween da beds ta hadd wir aer o' proil. Dan back gengs da beds ta da waa, an I hears a click clack. Whin I leuks here dey hed a muckle iron aboot a lispund wecht, wi' a bit o' swarra woupit boot him an' a lang handle, an' I be helpit, Olie, if dey wirna ironin' da very fluur, da sam as da breest o' a white sark. Aboot haf past ten in cam da sam twa lasses wi' tumblers o' haet mylk an' coco, dis wis fur wir twal.

Weel, Lowrie, hed you a twal i' da Hospital?

Dat did we, my Olie, da sam as if I'd bune hame wheelin oot da byre.

Whaar wis I agen, doo mers me? Oh, yea, efter da twal da Surgin coms roond spaekin quietly at every bed. He axed me sontin, I kent na what it wis, bit I sed — Ya, sir, dat'll be true, dey ir a coarn o yuk whaar you shuued me up. Wi yon he turns doon da claes an' leuks if ony o' da baesin sticks wit spret. Bit dey wir shuurly aa richt, fur he sade, You will be home in a week. I wis ower blydde an' lay contented fill twal o'clock. Noo da denner coms.

Man, Lowrie, I tink doo's dune naethin bit aet frae doo guid in.

Na, bide dee, Olie, fill I tell dee. Clemmie cam wi' a truncher o' pritty soup, an' I wis juist dune wi' hit, whin da tidder lass, tinkin I maybe didna laek soup, cam kerryin a lok o' flesh an' tatties, an' heth I took dat tu, an' apo da back o' yon, Georgina, puir lass, tinkin I wis maybe waek, an' coodna tak strong maet, gae me a sap o' white sulp an' mylk aboot hit. I never leeted bit doon hit guid tu. Kens doo, A'm herd lately it yons da wye it dey du i' da hotels. Fok canna tell what dey wid laek, so dey gie dem a lok o' diets ta paek among till dir foo. Onywye, I wis brawly weel stowed, so I lay an' smokit an' read fill we hed wir tay. I got a pritty duke's egg, an' mair aetables as I cood mak oese o'.

Dan at five o' clock didna dey com wi' wishin' watter agen. I tald Clemmie it we wir been nae wye ta get dirt, bit aa da sam we hed ta wish wir faces. What tinks doo, Olie, twise in ee day. Dan da beds wir med an aa da cleenin dune ower agen. I saa twartree gettin glesses o' refreshment, bit I got nane, an' I wisna soarry if hit wis da sam gaer it I got afore, I wid redder hed a nip o' Faroe braandy.

He's seeven o'clock noo, an' supper time. Dis wis lof an' mylk, an' plenty o' hit. Dan da spaekin macheen wis set on an' we lissened till a lok o sangs an' springs, an' besides yon, da wireless lug-cups wis at da hed o' every bed. Man, hit wis graand! We herd a lok o' singin', an' da wadder forecasts, an' aa dat, alto da wadder didna budder wis muckle, fur atween haet pigs, an' da haet it wis comin frae yon things laek iron grinds, we wir warm anyoch. Noo at haf-past eight Marie, da nicht watch-woman coms on an gengs frae bed ta bed ta see if dey wir onyene amissin an' axes every ene hoo dey wir. Guid bliss her! An sae da day ended. Shu lippened aa body wid be sleepin' afore nine o'clock.

Man, Olie, what a pooer o' dezases wis in dere it nedder doo or I ivver herd aboot afore. Dey wir wan wumman wi' conjeston o' da reelpan, an' anidder ene hed eppiegluitis i' da knee shall wi' lyin apon a roosty nail, dan da man i' da neest bed ta me hed verdigreese vains in his legs, kens doo dey wir com laek puddins, bit da Surgin juist whilkit dem awa, an' dey haeled up pritty. I tocht da man wid a bune mirakilled fur life, bit he's gyaan aboot noo as prood as a dug wi' twa tails.

Dat's true, boy, I firyat ta tell dee aboot anidder ploy it dey hed. A Wadnesday mornin' Clemmie cam kerryin a lok o' broon blankets an' lade dem in a roog apo da bed, shu said naethin, bit guid awa an fetched yon rid daeks an' biggid me in again. Tinks I, what sorro is dis it shu's aboot noo. I juist hoopit hit widna be da sam as da last time I wis biggid aboot, so whin shu cam athin cryreck, says I, Lass, what ill helt is dis it doo's comin' wi' noo. Shu juist leuch an' sade — You're going to get bathed. Weel, says I, whaar's da sae, I see naethin bit yon tin luum. Oh, shu says, the basin will do this time, an so shu begood an puued me first ee wye an' dan anidder fill shu got ee blanket anunder me an' da tidder ene benon. An if doo'll believe me, Olie, shu wuush me frae truck ta keel aa in penny numbers, first ee leg an dan anidder, dan da aerms da sam wye, aye smootin every bit o' what I wid caa me ootrun anunder da claes as hit wis dune. Man, hit wis fine, only whin shu cam ti' da arable an' gettin da moosewubs oot o' me oxters, I coodna help lauchin fur I wis aye kittly. Kirsie told me mony a time it I wis juist a rael fule wi' kittlyness. Onywye hit was very refreshin, I tink shu shuurly hed clows among da watter fur dey wir a pritty odour wi' hit, an' med me sleep laek a tap.

Noo, Olie, A'm tald dee da rule o' da rod, if doo ivver needs da hospital, an' if doo doesna hits aa da better fur dee, bit doo cood aye spare a hen or twa, or even a lam, hit wid aa help fur dey trooly deserve hit.

No matter in what shape or form
   Oh ye who suffer pain,
Don't linger, but at once sojourn
   To the famous GILBERT BAIN.
Equipped with good and modern plant,
   A Surgeon with some brain,
No hope for any case refused
   At the famous GILBERT BAIN.
Among the staff the feeling runs —
   Do good and don't refrain,
From actions that extol the name
   Of the famous GILBERT BAIN.
A broken leg, a bashed up head,
   A cut, a bruise, or sprain,
Are jobs they daily handle
   Within the GILBERT BAIN.
They make you feel as if at home,
   No wish expressed in vain,
To a better place you cannot go
   Than the good old GILBERT BAIN.

Male Ward, Gilbert Bain Hospital, 2.30 a.m.

'Tis night, the dimly lighted ward
   Is silent, save a smothered groan
From some poor tossing patient, who
   Can scarce suppress that drawn-out moan.
Silent though it is, the nurse she hears
   And noiseless to that bed she glides,
With hand pressed to the fevered brow
   The smile returns, and pain subsides.
God bless the nurses, every one,
   Let's give them all a ringing cheer,
We cannot thank the Lord enough
   When sick, we have such women near.

Oh! Da Sorrows O' Dis Wireliss

DA streen I wis gotten da paper, an set me feet up ta da fire, while Kirsie wis takkin a reef or twa i'da tae o' me auld sock. Weel I scrimed an better scrimed ower a' da letters ta da Edditer, tinkin ta fin sontin aboot Croftirs turnin inta laandlords insted o' tennints, an livin happy iver efter. Na, thing ta sorro I fan bit Wavelents.

Noo, I wid laek ta ken what curse dir in sic a scad aboot da lent o' dem, hed dey seen da eens comin in ower da shuuder o' Scarf Skerry wi' da hidmist Nor-waster, dey wid a toch mair aboot da height o' dem, trath I hed ta puu up da bit a whilly twa lents o' hirsel farder up da noost me lief alane. Bit A'm waanderin frae hit I wis gaein ta tell you.

Weel trow da last mont, I wis i'da toon, an efter I wis saald da twartree lams I hed doon wi' me, at da Green, I waandered ti' da shore, an' meets Olie apo da muckle peer. He wis gotten his eens saald tu. Says I, "Olie, ever saw doo Beenie's Jeemie sin he cam hame, him doo minds at guid awa ta laern dis wireliss bruck?" Na, says he; A'm no seen him. Is he hame agean? Ya, dats he, I saw him efter da Sunniva cam in, an he wis dat disjaskit laek at I harly kent him, an whin I shook his haand, heth it crumpled up laek a kail blade. Says I, "Loard be aboot dee, Jeemie, what is da maeter wi' dee? "Weel, Lowrence, dir a lok rang wi' me. Whin I saw da Perfesser, he gae ma an awfil RECEPTION, an sed I wis completely run doon, baith VOLTS an AMPERES, an sed I wid need TUNING UP. Whin he pat on his DETECTOR an' made twartree TAPPINGS, he fan da hale fower VALVES o' me hert wirkin at sic a LOW FREQUENCY at dey wir INTENSIFYING da IMPEDANCE IN OHMS, an offerin RESISTANCE ta da CIRCUIT o' da bluid, an besides he sed me LEAD-IN TUBE wis shokit. He taald me at he wid gie me a scaar o' SUPER-HETRODYNE fur yun trubble, an he wis POSITIVE it wid TRANSFORM da NEGATIVE action o' me POTENTIOMETER, an mak me CONDENSER mair VARIABLE.

He axed me if I indulged in alcohol. I sed yea; I maybe tak a gless o' porter ivery Krissmis. Well, well, he says, you must either SWITCH OFF entirely, or you must reduce the quantity gradually, using a VERNIER gauge. Whin he sed yon, I saw a WAVE o' sympathy passin ower his face; what LENGTH it wis I kno no, ye ken he wis aye blyde o' a drap himsel.

Dan he pat on his HEAD PHONE an listens agen. Yes, just as I thought, AMPLIFICATION in the left lung is IMPEDED by the ANODE RESISTANCE of a quantity of IGRANIC material of a HONEYCOMB nature, preventing perfect REPRODUCTION in your LOUD SPEAKER. An dan he says da REACTION in da VARIOMETER o' da liver is swalled up da ANTI-CAPACITY, fil it reeches juist five MILLIAMPERES below da breest bon, an presses apo da BASKET-COIL. Besides yon, da FILAMENT o' da kidneys is completely gon, so dey need a EBONITE PANEL ta INSULATE dem, an keep dem in dir place. Whin he took me temperature, I wis 6000 METERS ower hich for a rational man, so he gae me a mixter o' 2BD an' 5IT twise a day. He wis gaein ta gie me hit in SERIES, bit I wis dat far gene I hed ta tak it in PARALLEL. Bit yon wisna da warst. Me sweetbreed wid dat inflamed at da boddam wis faan oot, an spilt a' da MICROFARADS, so at dey wir reeslin trow me inside an playin da mellishon, yon's what made da GRID-LEAK atween da liths o' me rig. I kent dey wir sontin rang in dat region fur whiniver da kidneys made CONTACT wi' da lackie (I tink he sed), da OSCILLATION lowesed da swate apo me fill da AUDIO-FREQUENCY wis bizzin oot baith me lugs. Whin I taald him yon, he took a pointed think laek a CAT'S WHISKER an purled i' me lug fil I yalled, dan he sed dey wir some SUPERSONIC trash lodged apo da DIAPHGRAM. Da mirrin feelin trow me TERMINALS, richt ta da points o' me taes (sontin laek ATMOSPHERICS) he sed, wis juist da result o' VARIATION i' da ETHER. Ye see I wis been livin at HIGH-TENSION dat lang, at me RECEIVER wis TUNED ta naethin else. He tocht if I oesed a RHEOSTAT an' lowered da TENSION a bit at I micht live a coarn langer. Bit my Lowerence, if dis doesna tak aff A'll shune be FRAMING me flight ower da AERIAL ta da CRYSTAL gates, toe da rest o' me 'ill juist be a EARTH PLATE i' da auld Kirkyard, bit "Hop sproots eternal i'da human breest" so A'm gyan ta try da Gilbert Bain.'

Weel, ta tell dee da onest truuth, Olie, I wis dat skunnered wi' a' da foreign disaesis at da craeter hed, at I juist sed ta him, 'da best place at do can geng is Montrose, an bide dere.' ".

Sent Airrents

WI' a' dis verg an daddery aboot a croft, dir no muckle time fir rest, bit I wis juist lint me ower i' da restin share fir a momint, whin Kirsie coms rinnin in bluid spring, tellin me at Shaarly o' Setter wis comin doon bi' nort wi' his kishie, makkin fir da shop, an if I needed onything he micht a taen it wi' him. Need? Lass, we need a lok, bit he wid firyat da haf o' it afore he wins dere. Haand doo me a haf o' yon shugger bag, an' I sall wret it doon. Noo, gie doo him yon.

"Plaes, Mr Jeemsin, wid ye send dis twa airrents wi' Shaarly, dir a buggy fir da mell i' his kishie, an i' da neuk o' him, rowed ithin a track, is a vial fir da leventer.

 Wan leespin o' coorse mell,
 Twa pound o' kanister flesch,
 Wan pound o' woupit purk,
 Pennies wirt o' krem o' tarter,
 Wan onse o' kutbar,
 Twa onse o' majenta,
 Tippens wirt o' trums,
 Twa stay laces,
 Twa onse o' blue litt,
 Haf a onse o' kopperish,
 Wan ell o' shekkered wincey,
 Fower yairds o' reel aboot,
 Haf a faddim o' tin wire ta teeth mam's flicht,
 Tree ell o' railwye strip fir a sark ta Gibbie,
 A broag fir borin' fir dooble nails,
 Haf a onse o' wheen ann,
 Pennies wirt o' burgandy pitch,
 Seevin inches bi five o' brawly tick dintle,
 Wan onse o' mud, an' a morsel o' pick,
 A mutchin o' seevenpenny,
 Twa pound o' brokkin biskit,

Twal faddim o' kyarr,
Wan kalifine,
Haf a pound o' sinnie tay fir da kaff,
Pennies wirt o' blak likkerish,
Haf a pound o' loff shugger,
Da fill o' da vial o' rid leventer,
A tarrykrook fir auchteen stuurs,
Wan onse o' black hair fir piltock toams,
Twa bushie needles fir stikkin smucks,
A hank o' black treed,
Pennies wirt o' seenamin buds,
Haf a pound o' swines sem,
Fower nuckle o' lastik fir gertans,
Wan yarkin ellishon,
Twa yaird o' moleskin,
Wan yatlin anker kettle (wir een is in herda),
A peerie box o' growin saa,
A pakige o' stuffin fir white sarks,
Wan staand o' swara waers,
A bit o' lilac fir a slug ta Osla (ye ken da mizzer),
A fower-holed moose-faa (da hoose is owergeen),
Trippence wirt o' peppermint draps (Kirsie is hed a odious
    shooer o' riftin),
Wan mylk sye,
Haf a yaird o' rid flannen (nairoo) fir Gibbie's craig,
Twa onse o' buggie row,
Fower faddim o' sma schane fir a grice tedder,
Ane o' yon white iron swills ta keep da snuud oot,
Twa cups an' plaeters,
Twa trunchers da sam pattern (dis lame staands nae time).
"Kirsie 'ill be doon wi' twa froaks an' a twal score hap ta pit it apun it whin whe gits dem skoored. I'se warren ye widna cast yer e'e fir twa drywid barrel girds ta make a rim ta wir groff siv! — Tanks."

Lowrie Dines In Hillsook

I WIS gotten a letter frae yon man at leuks efter da Hillsook Show, axin me ta come an' see him afore da show cam aff; if coorse he kent I hed a guid knowledge aboot baess an' da wye ta dael wi' dem whin dir a lok tagidder. I tald Olie aboot it, an' he tocht he wid come wi' me, da wye at he hed twartree things ta see aboot at da shop. So, efter we wir gotten wir brakwist a Tiesday, we took wir fit i' wir haand an' set aff.

We wir wun aboot twa mile o' gaet whin I sees a kaar wi' twa o' her wheels i' da stank o' da rod, an' shu wis aa staandin skeow-wheef. Says I, my Olie, some een is hed a missanter here — come dee wis a coarn faster. Heth, dir maybe brokkin skults ta mend, but whin we wan till her, dey wir juist ee jantleman wi' buggy breeks. He wis gyaan alang da hich side, an aye scoitin at da warks anunder her. Says I, "Guid-day, sir. Dis is a bad job wi' your kar."

"It is," says he, "but would you two gentlemen kindly assist me to get the car back on to the road?" Hear you. He caaed wis jantlemen. If coorse, hit wis aisy fur him ta be mistaen, fur I hed on a pair o' new strippit breeks it Kirsie brocht frae een o' da Neowlans, an' me reefer jacket athoot a bris or a brack apon him; ye ken we hed to be kind o' kirsen gyaan ta Hillsook. Hooever, I tinks ta mesel, hit'll be little assistance it he cood be, fur I cood gie my o'th it da legs an' airms o' him wis mair laek pipe stapples. Hooever, I says till him at we wid try wir best, an fur a Guid's mercy, hit wis a peerie kar, no laek dis grate arks it dey hae apo da rods noo fur da lams an' da mails, or dan we wid a never manished. Bit, Olie an' me first grippit da tay end, dan da tidder, an' we got her edge up apo da rod agen. Da jantleman wanted ta pey wis, bit I wid hae naething.

Says he, "Have you dined?"

"Weel," says I, "we hed wir brakwist."

"Oh! but you will require something now. Jump in, and I will take you to the Hotel."

So he opens a hatch eft apon her, an' we baith wan doon athin a hol' wi' wir knees at wir shins an' wins ta da Hotel in nae time. He spak ta da hed wumman an' tald her aa aboot his missanter. Ken you, I tink shu wis skimpit him, fur shu leuch an' spak aboot da eyesight test. If coorse I kent he wis bune steering wrang, bit ta mak hit leuk better, says I, "Hit's nae winder, mem, it da kar guid ower, fur dis burra faels it dey big up da sides o' da rod wi' noo canna staand a host."

"Quite right," says he, "the road was soft a considerable distance in from the margin. However, as I am much indebted to these two gentlemen for their timely aid, you will give them a good dinner at my expense. Come this way." So he took wis intill a grate galdery o' a room aa set wi' tables. "You will choose what you want from the Menu Card," and he haands wis a think laek a calendar wi' gold letters apon hit, sontin laek dis —

Hors d' Oeuvres.
Cocktail.
Consomme Julienne.
Cream of Chicken.
Fried Slip Soles.
Boiled Turbot.
Kidney Saute en Casserole.
Roast Saddle Lamb.
Mashed Potatoes.
Sweets.
Coffee.

"I must leave you now," says he, "but I hope you enjoy your dinner, and I thank you again for your timely assistance."

Efter he wis geen, says I, "Boy, we canna tak maet wi' haands laek dis." So I axed da lass at da door if dey wir onywye it we cood swill aff o' wir haands, fur dis black fat aboot a kar maks yon unkirsin ta aet aff o' a white cloth. Shu shawed wis a peerie room wi' a baesin an' haet watter, so we got scoored up no sae ill.

Whin we wan back, I says ta Olie, Boy, A'm left me glesses apo da brace hame; doo'll juist reed whit's apo yon caird an mark doon what we wid laek, so he begood.

Hors — I kenna what dis is, OE clatched tagedder — uvers. I tink it maun be Livers.

Horse Livers! Na, na, Olie, Loard bliss me, dir not pitten yon for human maet. Dats waur is kannibals. Pit doo nae mark dere. What neist?

COCKS TAIL.
Dat in trarth, hed dey geen wis da hale burd, hit widna be sae ill, bit da tail — what can onybody mak o' dat? He coodna hear me fur da lass hostin.
I turns me roond. Lass, says I, Guid safe dee. Dey wir pitten twa pritty lasses ta git wir maet ta wis, an' I wis truly soary fur dem. Dey wir a evils cauld apo baith o' dem, fur aa da time we wir in dir aprins wir hardly ever frae dir noses, an' sometimes after a heavier shooer dey wid rin ben ta host.
Puir tings, dey hae a lok o' wark in dis hotels, an' I dunna winder at dem firyattin things noo an' dan. Dere wis da twa tumlers staandin afore wis. Da lasses wis shuurly been taen awa afore dey wir dune wi' rubbin dem an' never minded it dey wir left da twa dishcloots stikkin athin dem, so I haanded dem ti' da lass ahint me, bit shu hed een o' yon shooers o' hostin an' coodna say onything, bit we hae ta owerlook things laek yun. Dey wir baith dressed up da sam as if dey wir gyaan ti' da kirk.
Says I ta Olie — I winder it dey geng an' pit on guid claes laek yun whin dir makkin da maet, dey'll git it elted wi' ime aff o' da kettles.
Na boy, dey'll laekly hae a bag afore dem whin dir poorin da tatties or onything laek dat.
Yea, dat'll be true, bit geng dee wis on wi' yun caird.
Weel, Lowrie, I tink we're wirking a lok o' fulishness. Da man wanted wis ta get a guid denner, an' I tink we'll ax dem for what's apo da caird, so tell doo yun lass wi' da lang legs ta fetch wis sontin.
Whin shu cam in, says I, A'm soary ta budder you (ye hae ta be kind o' mennerly in a place laek yon), bit wid ye juist get wis what's apo da caird, lavin oot da Horse Livers an' da Cock's Tails, fur I never tink we cood stammick dem, an shu guid laek a shot. Ken you, dir shuurly been lippenin a lok mair fok is wis, fur dey wir juist a koose o' forks an' spunes lyin afore me. Heth, I hed ta shoel a lok o' dem in ower da table afore I hed room fur me elbick.
We wir sitten a start whin Olie says — Whan tinks doo ir dey comin wi' dis maet, Lowrie, fur I see naethin here bit twa muckle bowls o' seggs an dir no lippenin wis ta act dat.
Na, boy, dey'll no be laid it up yit. Noo, what cam neist efter da Cock's Tail?
Weel, dir twa lang-nebbed wirds it I canna mak oot, an' dan coms CREAM OF CHICKEN.

Oh, yea, dat'll be hen-bruu, bit hits only geen ta seek fok, an dir nane o' wis seek.

Never leet, Lowrie, lat doo her come wi' it.

Wi' yon, shu cam in wi' a coarn o' wattery swittle. Heth, I cood see da flooers apo da boddam o' da truncher trow it. Says I, Olie, I tink da shicken is only been wadin trow dis, fur I see nae ormals o' him.

Na, says Olie, dey maybe shap it up dat fine it hit canna been seen wi' da naket ee. Dir som, doo kens, it haes nae teeth bit dis lame eens, an can schow naethin aless hits med sma ti' dem. Hoosumever, it wis only tree spunefoos an greesed da trapple fur sontin else.

Noo, what's neist, Olie?

Boy, A'm juist leukin. Hit's Fried Slip Soles.

Na, na, yun's a mistak. Slip Soles? — Da teoghest bit aboot a built. Man, what truss dis jantry wid aet. Even if dey wir fried, hit wid be fushionless. Reed doo on.

Boiled Turbot comes neist.

Noo, dat wid be a trate. Hit's shuurly som at dir gotten frae yun boat it's trying da haaf at Stennis: guid luck till her, an' sae ta dem its pitten her dere.

Wi' yon, I raise ta fin da lass, fur Guid kens what dey micht come in wi. I fan her i' da passage. Says I, "We're ready for da turbot noo, an' never you budder aboot da insoles."

So hit wis nae time afore shu wis back wi twa trunchers an' a peerie bit o' fish apo dem an' sets hit afore wis. I pat my bit i' me mooth an haands her back da truncher. Says I, "Lass, yon sample 'ill du fine. Gie ye me da mid cut o' yon sam kind an' twartree tatties."

Ken you, dey med five vaiges butt afore dey got wis anyoch o' fish fur a diet. Dey cood a hed it aa lade up an set afore wis an' no med wark laek yon.

Weel, Olie, what fins doo efter dis.

Says Olie, I tink hits Kidney Saut an Casserole.

Did doo read yon richt? says I.

Dat did I. Hits da wye hits set doon here.

Weel, weel, a bit o' saut kidney I micht tak, bit da sorro a drap o' castor oil I sall preeve; hits sontin, in da middle o' wir denner.

Weel, boy, hits maybe da wye it da jantry taks hit. Da saut kidney maybe taks aff da waageng o' da oil.

Heth, maybe, bit dir wilcom till it. We'll juist lave yon oot. Da kidney micht be tanted wi' da oil.

Says he, I tink we can, bit what tinks doo hey dey aa dis red an' green dram glesses fur.

A'm sure I ken no, aless hits ta hoid what dey pit athin dem if hits grumly, bit I sall ax her.

So, whin shu comes in, says I, Lass, hae ye onything ta wish dis denner doon wi?

Oh! yes. What do you prefer? Port, Sherry, Claret, or Cider?

What tinks doo, Olie, sood ye tak a coarn o' dem aa? Doo kens we micht miss da best.

Dat we micht, bit we cood aye begin wi' da Port.

So I tald her ta gie wis Port fill we saa hoo we got on wi' hit. Whin shu cam wi' da bottle shu wis gyaan ta fill up a gless, bit I wis shivved dem in ower.

Says I, Pit ye hit i' da tumler, an, no ta budder you sae muckle, da wye it her wrocht aff o' yer feet, lave ye da bottle.

So shu did yon, an' we hed a tumbler or twa ta wish doon da turbot.

Noo, Olie, ir dey onthing mair apo yon caird? Man, hits fine ta hae dis cairds. Heth, I tink I sall get some ta Kirsie. Een fur every day i' da week. If coorse, dey widna be da sam as dis een, bit I cood aisy mak dem up mesell.

Dat doo cood, says Olie. Doo's dune waur jobs as dat. Bit da neist is ROAST SADDLE LAMB an' MASHED POTATOES.

Weel, man, dir pitten yon i' da wrang place. We hed da shappit tatties alang wi' da turbot, alto I tink it aye tastes better whin da fish an' tatties is boiled tagedder, aless fur da trisht o' laying hit up. An' fur da lamb, weel, hit 'ill juist be da middle o' his back it dir rossin an' dir nae oot-tak i' da laek o' dat. I tink, boy, we'll lat da lasses tak yon lam's saiddle ti' demsells; puir tings, dir been odious guit ta wis, an' dan dis turbot is dat setishfeein.

So, whin dis lang-legged een cam ta tak awa da lame, says I, We're no haein da rossin lam. Ye can juist tak it atween you wi' my blisin, bit, hae ye ony mair o' yon Jerry an' Clara it ye wir spaekin aboot?

Beg pardon?

I say, hae ye ony mair o' yon screeckim?

Beg pardon?

I shaws her da empty bottle. Shu taks him wi' her. Says I, tak ye baith kinds wi' you ta save anidder vaige.

Noo, Olie, what's efter dis? Doo kens we maun win ta da end o' hit.

Da first I sees is SWEETS.

Oh, weel, says I, we cood aye du wi' a nev or twa o' dem, an' if we coodna aet dem aa, Kirsie an' Willa wid be blyde o' twartree.

So, whin shu cam wi da twa bottle o' medsin, I juist pointid ti' da sweets, an' shu nodded an' guid, while we wroucht awa tryin da unkin medsin shu wis brocht. Olie wid drink me helt in ee kind, dan I wid drink his i' da tidder kind, fill we felt very freendly wi' everybody, an — hed wir wisses aa com trow — man, da Hotel, yea, an' Hillsook, wid only bune pairt o' wir estate, every yow comin wi' twin lams, oo seeven shillins a pound, guid wadder whin we wantid hit. Oh, man, yon wis gear. Oot o' da hidmast bottle we wir drinkin da weeman's helt (Willa an' Kirsie), an ye ken dir nae hotel dennir richt athoot dat, whin in coms da lang-legged een wi' twa peerie trunchers wi' a coarn o' hush apo dem. It leukid laek cuttid neeps wi' leven aroond an' a sap o' joice i' da boddam.

Says I, What caa ye dis?

Apple Tart, says shu, an' aff shu dirls agen. I firyat ta ax her aboot da sweeties.

Says Olie, Man, dey'll laekly hae nane i' da Hotel, an' shu's left dis fur wis ta paek atill fill shu rins ower ta Manson's fur da sweeties.

Doo's juist sed it, Olie.

So we pat yon tert eft alang wi' da rest. Dan da tidder een cam in an stuud ahint Olie.

Says I, We're shuurly at da end o' da caird noo. Leuk doo, Olie, bit da caird wis won apo da fluur, an' afore he recked him he wis ockit doon twa tumlers, bit whin da caird lay still he got him.

Weel, Lowrie, aa it I see noo is COFFEE.

Aa richt, we'll hae coffee.

I turns me aboot ti' da lass: Ye can bring wis coffee.

Says shu, black or white.

Guid's mercy, mak ye fleckit coffee here?

Beg pardon?

I say, hae ye fleckit coffee?

Sorry, we have no flake coffee, but you can have either black or white.

Weel, Olie, what says doo? I cood tak black an' doo white, an' if hit's no richt, heth, we can mix hit.

Shu guid ta get wis hit, bit wis back apo da meenit. Says shu, Gentleman at the door to see you.

I raise, bit hit wis a while afore I wan till him, dey wir dat mony doors an' passages whaar dey wir bune nane afore it I coodna fin him at wance. Dan, wha wis hit bit Taamie, him it rins da jantry aboot wi' his kar.

Says I, What's doo duin here, Tammie?

Weel, says he, I wis gyaan nort trow, an I herd you wir here, so I can gie you a lift hame if ye want it.

Oh, Tammie, doo is a Cristian, bit wid doo juist geng in trow an' luik fur Olie an' tell him ta come, fur A'm faerd it I loss mesell wi' aa dis doors. Bit, what's doo doin wi' twa kars.

Wheesht, Lowrie, dir only een here.

So, boy, hit's me it's mistaen.

In a meenit he wis oot wi' Olie, an' we wan in. Man, yon kar o' his is awfil aesy ta sit atill, an' he can geng laek da wind, fur I never kent fill I wis hame, an' winnin ta bed. I' da moarnin, Kirsie axes me hoo I got on wi' da man aboot da Show. I juist tald here da truuth, it I never hed time ta budder wi' him. I wis bune dat trang helpin idder fok it I wisna manished ta help mesell.

Doo kens, Kirsie, we coodna lave a man wi' a kar boddom up apo da rod; bit I hoop (fur his sake) it he doesna hae a missanter laek yon every day.

Kirsie wis staandin reddin her hed afore da peerie gless i' da windoo.

Shu says, Dere's Olie anunder da Brogie, makkin dis wye. I winder what he's wantin dis time o' moarnin.

Oh, says I, da streen he wis spaekin aboot gittin a lane o' wir mare, I sall geng an' see him.

I tocht hit wid maybe be better fur me ta see him first; dis weemen haes dat mony whestions ta ax, so I met him afore he wan farder.

Says I, Boy what wye is doo?

Weel, Lowrie, I ken no, I took a shappin can o' bledik dis moarnin, an da vild taste is still no oot o' me mooth yit. I trooly tink hits da turbot an' da wye it dey du hit up wi' aa dis spices an dat. Dan dere's Willa bune at me aboot no takin hame da airrents tu. If coorse I tald her aa aboot da jantleman's kar, an da trisht it we hed wi' her wharryin awa da broos, an takin her sindry ta mak her lichter, an pittin her tagidder again, gitten her pairtly oot, dan haein ta pit her back agen ta lat da idder kars win by — da rod wis dat nairow, hit aa took time.

My Olie, doo's dune weel, I tink doo cood come in an spaek ta Kirsie.

Dat sal I, bit Lowrie, what med dee come wi' aa yon rabe ti' da unkin lasses da streen, whin doo kent better?

Weel, Olie, hit's juist dis wye. Doo kens dis Sooth eens efter dir bune here a week or twa, sometimes less, dey geng hame an' rite grate screeds ti' da papers aa aboot da menners an' customs o' da Shetlanders; an' da wye it yon twa hardly ever gengs oot o' da bit, I tocht hit wid be better ta gie dem sontin ta geng on wi', an' dan we hae aa da better lauch whin we see hit i' da "Scotchman," or ony o' dis Kirk Magazines.

Oh, weel, says Olie, if dat wis da wye o hit, dan hits aa richt, fur we trooly hae mony a guid lach at dir yarns aboot baith laand an' fok.

Yea, says I, we'll maybe see hit aa yit, bit I can tell dee dis, Olie, doo may firyat dy airrents, an' I may firyat aboot da pairt I hed ta tak at da Show (maybe Judge), bit nane o' wis twa 'ill ever firyat aboot da denner we hed i' da Hillsook Hotel.

Olie wid drink my helt . . . . . dan I wid drink his.

Lowrie With A Geologist

HIT wis a boannie day, an' Olie wis staandin leukin at da kar it wis mouvin awa frae da rod-end, so whin I cam up ta him, says I, Boy saa doo me shakkin haands wi' yon lang-leggid craetur gyaan i' da kar?

Dat did I, bit wha wis yon?

Yea, so doo may say.

Weel, Lowrie, I hoop he wisna come aboot mizzerin da laand or onything laek dat?

He, no he, alto he wis gyaan coagin among stanes an' muild. Bit, I wis gyaan ta tell dee it yon wis Mr Lapis, a man frae England. I tink he bides oot-a-daeks frae London, fur he spak aboot gyaan ti' da ceety every moarnin. Doo kens, dis is weel apo da second day it A'm bune wi' him, an' if A'm no herd winderfil things, dan I sall hadd me tong.

Bit, Lowrie, what wye cam he ta dee?

Weel, I sall juist tell dee. I wis gotten a guid sken, an' I wis bune makin a bow, an' me haands wis aa elted wi fir ter, so I took a coarn o' parafeen, an' guid ti' da gavel o' da hoose ta scoor aff o' dem, whin I hears Kirsie saying, He's no far awa, sir, juist roond da gavel. So, man, he wis aside me in a meenit. Says he, Good-moarning, Mr Bilfield. You have been recommended to me as a man who knows the district well, and I would feel obliged if you could find time to come around with me for a day or so.

Dat sall I, sir.

But, how soon, may I ask, could you come?

I sall come eenoo, as shune as A'm med mesell kirssen. I noteeced it he wisna gotten me richt name, bit I never leeted, fur I tocht wi' auld Spokeshave, it a rose wi' ony idder name juist smelt da sam. Says I, Micht I ax what callin ye follow.

Oh, yes, I am a geologist, and I wish to make a survey of this district in the hope of coming across old fossils, minerals and other interesting specimens.

Bit, no ta stop you, sir, cood you tell me if fossils haes onything ta du wi' human beings, becaas young Willie o' Gord its newly hame frae da River Plate, caaed me a auld fossil, an' I wis winderin whedder ta tak it as praise frae him or no. Ye see you boys gyaan forin gets wirds it we ken naethin aboot.

Well, Mr Bilfield, a fossil can be any organic body buried in the earth for a long time, and becoming petrified, turns into stone, you know.

A'm obleeged ta yon, Sir. I sall shaw him it A'm no putrified yit, an' A'll maybe turn Willie wi' a ston som o' dis days.

But, Mr Bilfield, talking of fossils, I am afraid, when I look at these high granite cliffs, that my search for fossils will meet with little success, for when these cliffs were formed no life of any kind existed on the earth. Granite, you know, is the primary rock, and earth's foundations.

Maybe, says I, bit hit's a wheer place ta hae da ert's foondation apo tap o' Ronas Hill.

Yes, you may think so, but I will explain that to you afterwards. Meantime, we will proceed to where I see some stones have been removed lately.

Oh, yea, yons whaar I rave up twartree fur ta big da daeks wi. Come ye wis oot da hill grind. I opened da grind, bit he widna come trow, bit stuud gaanin at a muckle flat stane juist athin da grind.

Why, says he, there is evidence of glacier action.

Whaar? says I.

Don't you see these long scratches? These were made by masses of rock carried by a glacier, and which ground these marks into other stones which were stationary.

Na, na, sir, you're wrang. Da glacier it med yon scrits is wir mare wi' her shuune. She aye snappers apo yon stane comin' trow da grind.

Says he, I'm not so sure about that, but let us proceed. By the way, are there any morains in this district?

Na, na, says I, an' if hit's da Loard's will, I hoop hit never coms dis wye agen, fur da horse dokter sed dat wis what wir black cullit coo deed o', an' he taald me ta yird her at wance, becaas hit wis smittin. I did sae, an' lost every peel o' her. I coodna even tak her hide fur rivlins.

But, Mr Bilfield, I am afraid you misunderstand me. The morains I mean are deposits left by glaciers.

Oh, I see, I see. Weel, if dats burds, dan I can shaw you plenty, fur dir aye lavin deposits.

No, my dear sir, I see you do not quite grasp my meaning. You will understand that, long ago, during the Ice Age, these valleys you see around you were filled with glaciers all moving imperceptibly towards the sea. During their progress, rocks, gravel, and clay got imbedded in them, and when they melted, all this material was deposited, and formed morains.

Weel, says I, ye may be richt, bit I can mind lang afore da Ice Age, fur dan we wid come ashore wi' a boatload o' turbot, an' dey wir nae ootgaet fur dem; naebody wid buy dem, dey coodna saat, an' we coodna aet dem aa, so A'm seen dem lyin' i' da ebb, an' wis draain da boat up ower dem fur linns, bit, whin da Ice Age cam we got eight shillings a weight, an' aa body it cood ding in a nail wis makking turbot boxes, an' shappin up ice ta pack aboot dem. Hit gae wark ta every een; dere i' da docks smiddy a man caad Tulter wis makkin hinges fur da boxes, an, Guid bliss me, as he wis makkin dem dat fast it dey wir staandin laek a rid haet rainbow frae his studdy ti' da fluur. I can ashure you, da Ice Age wis a grate blissin ti' da fishermen an' aa connected wi' hit. I saa him lachin da sam as he wisna beleevin me, bit bi' yon time we wir won ta my bit o wharry, an' he wis apon his fowers among da stanes it I wis rivven oot, kjnockin awa wi' a hammer an' shisel it he took oot o' his pooch. Heth, he wisna makkin muckle redd, fur da stanes wir aa foo o' dis roond yittles. Whin he wis gotten a peerie roog, he bade me pit dem i' da carpet-bag I wis kerryin. Says he, Do you observe, Mr Bilfield, that there is a fault here.

Yea, says I, we aa hae wir faats, an' A'm maybe geen an' opened da rang place.

Oh, no, says he, far from it. You have come across a very interesting fault, which will probably run right to the shore. Come along and we will trace it.

So we guid ti' da beach, an' he wis gyaan alang gaanin at da face o' da banks. I wis leukin tu, bit I kent no what ta leuk fur, whin all at wance, I hears a duse afore me, an' I sees him apo da keel o' his back. Wisna he set his fit apon a rotten maasguum it wis driven ashore, an' flatched him laek a pancake, da joicy bits coming oot anunder every oxter. I helpit him up, an' while I wis scrapin his back he wis caain da fish aa kinds o' names, bit, I sed till him, hereaboots we juist caa dem maasguums. Efter yon, heth, I hed ta keep ti' da wadder side o' him, fur his jacket wis smellin laek a infield midden, bit hit wisna dat tick it he coodna fin yon faat it he wis leukin fur, an' stuud wi' a bit o' paper, makkin a map o' hit. While he wis duuin yon, I saa him snipperin up his nose twartree times.

Says he, Mr Bilfield, I think I will go back to my lodgings, and have my clothes changed.

Heth, says I, hits da best you can du, sir, an' if ye keep alang da banks' broo, hit's da shortest gait. My kliverest wye hame 'ill be ower da hill.

But Mr Bilfield, are there any interesting rocks past this promontory?

Ya, dat ir dey, sir. I can shaw you a grate roylick o' a shuggar stane wi' craa's sillar atill him.

Says he, What in heaven's name is that?

Weel, sir, hit's juist a muckle eart lump, an' ye can skelf aff da sillar laek da laves o' a beuk.

Oh, well, says he, we will see it in the morning, making this our starting-point. Meantime, you can take the specimens to your house, and I will get them when I have added more to them, before I leave.

Dat sall I, sir, so Guid be wi' you.

I waited fill da hill took him oot o' me sicht, dan I lint me. Doo kens, I hed me staff reeved trow da haandles o' da carpet-bag, an' Guid bliss me, is I wis kerried da stanes da lang, it dey wir left metts apo me rig. Tinks I, dir roogs o' dis sam kind hame A'm ta'en oot o' da rigs, an he can aye git anyoch o' dem; A'm no gyaan ta kerry dis bruck anidder two mile o' gaet, so I tummed oot da bag atill da dub, an' whin I cam hame, I took aboot da sam beuk, an whommeled a peerie sae ower dem at da gavel o' da hoose an' guid in. I wis nae shunner athin da door afore Kirsie wantid ta ken if I wis bune at da Whaal-station. Man, I never saa onyeen sae glig i' da smell. Kens doo, if I wis bune oot onywye or maybe takken a coarn o vinegar fur da teethache, heth, shu wid a fun da smell o' hit even afore we wir builed wis doon. Hooever, neist moarnin, we guid oot by, an' I shawed him da shuggar-stane. Bit, aless a bairn wi' a new lally, I never saa da laek. He oot wi' a jocktaleg an' prised up twartree laves o' craa's sillar, an pat dem in his pooch, dan scarpit da face o' da stane here an' dere, shappit aff a bit, an' tried ta mak scrits apon anidder bit it he hed in his pooch.

Says he, This boulder must have come from a considerable distance, there being none like it in the vicinity.

Heth, says I, dat he micht, bit A'm never seen him mouving, an' he's been here aa my mindin. Dey say hit wis a giant gyaan ta houve him across da Soond at som een he wis tirn wi apo da Yall side, an' his wife wis dere tu, an, as he houved him, shu saa some heddercows sticking aboot his hough and dichted dem aff. He turned roond ta see what wis kittlin him, an' yon stane slippit frae his hand, an' is bune lyin yunder frae syne.

Tut, tut, that's all nonsense.

Weel, sir, I ken no, dey hed dir tullies dan da sam as noo, alto insted o' houvin stanes, dey rite letters ti' da Edditers.

No, no, Mr Bilfield, that's all rubbish. This is a unique specimen of Oxide of Silicon, and what you see embedded into it is Muscovite, a Silicate of Alumina with Potash.

Weel, sir, pairt o' yon is what Mr Kennedy, da agricultural man bade me pit apo wir nort rigs, bit I canna understaand aboot da sillocks, fur da fluud never comes yon hich, an' he wid never du fur a craig-saet whaar he is.

Says he, You will excuse me, Mr Bilfield, but I don't quite follow you. However, I note that you have a wonderful variety of rocks here. For instance, says he, an' he points up till a muckle face, that Gneiss.

Yea, says I, hits nice anyoch wi' a boannie day laek dis, bit bide you fill hits a stiff nor-waster. He's no sae nice dan. Bit, if ye want ta fin flooered an' cullered stanes, dir a gio nort by here whaar A'm seen wis finnan kurrious eens.

All right, you lead on.

So we gengs. He wis nae shunner won ti' da beach afore he grips up a scaar o' blue-niled laek thing, an' gets oot a magnifeein gless, dan he scoits up an doon ower da face o' da banks.

Says he, Is there any copper mine about here?

Na, sir, sae muckle is da waur. Da first een is Sannick perrish. Bit ir ye fun copper?

No, but this is Malachite, a Carbonate of Copper. It's strange, you know, to find it here, where the surrounding rock is Mica Schist in Laminations.

Weel, weel, I hear you. I never kent whaar dey got da names o' da Beuks frae, bit noo, I see dey aa come frae da stanes. Ye're gotten Micah, Malachite, an' Lamentations, an' I sall warrant afore we win oot o' da ebb, we sall be gotten Obadiah an' Habakkuk tu. He never anced me, bit wis staanding leukin at anidder green stane in his haand.

Says he, without a doubt, Epidote.

Yea, says I, dat's true anyoch, bit what wye ken you? You're never seen her. Yon's her hoose apo da side o' da hill, an' whin I wis alang her apo da Loard's day shu hed on her kishie gyaan ti' da stack, so Eppie is trooly doitin.

Says he, I do not fully understand you, but these stones seem to be foreign to the district.

Weel, sir, dat dey micht, fur da auld fok hed it dey wir a forin brig it wyrackid apo yon skerry aff yonder, an' hit micht be her ballast wishen ashore.

Yes, Mr Bilfield, that's quite possible, and may account for this mixture of Sulphides, Chlorides and Carbonates, which, to say the least, are out of place.

Weel, tink you is hit no yon minkster alang wi' roond yittles its made dis muckle puddin stane aff here, fur hit's da sam as hit bune boiled in a pot, an' da currans stikkin up trow hit? Oh, no, that's a mass of Conglomerate, formed thousands of years ago, and composed of wave worn pebbles in a matrix of clay, but some of these pebbles are of a peculiar form, and I would like to get a closer examination. Do you think I could jump the gap where the wave runs out?

Na, sir, I tink ye soodna rusk hit. Da green sly is dat sliddery, or ye micht come doon apo hinniwirs.

Bit he widna ance, an' med da loup; da neist it I saa, he wis ti' da oxters, bit oh, gosh, fur da bumble it he med. Hit pat me in mind o' takkin a muckle skate in ower da gunnel; dan da boddam most a bune what he caa'd yon mika shist staandin apo dir ages, fur he fan nae fithould, an' med nae want o' Lamentations afore I got him oot. Som o' his Laetin wirds wis mixed wi' saatwatter, so I didna mak dem oot very weel, bit I gae him da crook o' me staff an' puued him ashore, an' dus doo kno, Olie, it I coodna help lachin at him, fur he wis dat lang an' sma, an' his claes aa klypid aboot him, it pat me a mind o' a haand o' sly. I got him ti' da hoose as fast as I cood, an' taald Kirsie ta get him a strood o' my claes at wance, an', as weel, ta fetch a coarn o' speerits oot o' da ben press, fur, alto hit's da only thing we hae i' da hoose athoot vitamins atill it, still, hit cood aye pit a scaar o' leuness trow him, while he wis shiftin him. Kirsie tocht he leukid ower weel in my faernocht breeks, alto dey only cam till his brans, an' shu got him gertans ta tie below da knee an' mak buggie breeks, an' ken you, whin he got on my lang moorit socks it I oese i' da lambin time, heth, he leukid a rael tourist. So, whin he wis dried him, an' peerie Janey bune doon at da Ha' fur his Sunday claes, Kirsie med him a cup o' guid strong tay, an' set doon beremael bannocks, burstin brunnies, an' fresh butter, dan cam wi' a muckle duke's egg. I saa him leukin herd at da burstin.

Says I, Noo, sir, ye man tak up yer scaar o' maet, hit 'ill du you guid, fur I can ashure you it everything ye see apo da table is juist swarmin wi' vitamins frae A ta XYZ, sae da dokter taald wis. Bit, aa da sam, he tookna anyoch ta feeseek a snippick.

Says ye, You will excuse me, Mr Bilfield, but I will have to be going. I have been rather unfortunate here, but I intend exploring the South end of the Islands.

Weel, sir, if ye're in Lerook, I tink ye sood try an' see yon Bruuce man it kens aa aboot stanes.

Bruce, did you say?

Yea, dat's da name. He's shurely sib ta da Soomra fok, bit, noo it I com ta mind, I herd it he wis fun fish athin da hert o' a stane at da Ness o' Soond. Hit's shuurly foaly, bit, if hit's true, dir laekly bune ludges dere at some time, an' hit'll be fish an' brucks it da haaf men ir houved frae dir haand, an' as ye say, putrified. Be yon time we wir won ti' da kar, an' he turns ta me, Did you put the specimens in the car?

Oh, yea, says I, I pat dem i' da boddam o' a bow bag, an' stowed dem i' da eft room o' her.

Thank you, Mr Bilfield, I have been obliged to you and your good wife, an' he laid a pound not ata me haand, an' yon wis whin doo saa me shakkin haands wi' him.

Weel, Lowrie, a pound wisna sae ill. I wiss I cood a gotten a olojist ta geng wi tu.

Heth, Olie, da neist olojist it comes 'ill laekly be da een wi' da plans fur dy new grice sty, an' doo's welkom till him.

Lowrie On Mort Caalds An' Silage

I WIS doon i'da muddow dis moarnin, rypin oot a stank it wis gottin shokit wi' da truss it wis com doon wi' da burn. I wis gotten oot a muckel floamie o' hedder-cows an floss a' feltid tagidder, an he wis rinnin awa no sae ill. Efter gugglin awa atil it dat lang I wis juist pinishin, so as I rexed me up ower ta bate da scarff (fur he wis a bitterniss frae da norwast), Olie coms waanderin doon alang ta see whit I wis duuin. Says I, what wye is Willa? Da bairns wis tellin me it shu wisna weel da streen.

Weel, nedder shu wis, nor is shu weel yit. I made a broost o' tay till her afore I cam furt, an left her nyttlin awa apon a bit o' Scotsmael brunnie, bit shu's bune very freevolus fur a day or twa, man her nose is dat sare it shu coodna get him sneeted, an' a sweein i' da ruif o' her mooth, besides a lok o' fluume hurklin athin her craig.

Heth, my Olie, if yons da wye o' her shu's trooly in fur dis mort caald. Is shu tried onything fur hit?

Weel, da streen shu took da swaetty sock aff o' her left fit an woupid him aboot her craig, an kens doo da whaaselin is gene trow da nicht.

Oh, man, dats naethin, doo'l hae ta get yon minkster at Kirsie got frae aald Naany o' da Toogs whin she hed dis sam trubbel, kens doo shu wis dat depooperit it shu cood duu naethin bit sit oolin ower da fire, wi' a host laek rivin kanvees. Naany wis com across fur a scaar o' oo', bit whin shu saa Kirsie laek yon, shu juist turned her furt agen, an sed, "Lass, A'l hae ta get dee sontin ta aese yon." Shu guid ta da broo yonder, doon by Andrew's mare, an begood hockin up twartree swines murricks, dan shu got some seggy ruits an shappid dem tagidder, an set dem in a tinnie wi' watter apo da kols, whin it wis com ta da boil, shu taks it aff an trists hit trow a bit o' windoo coortin, an gies da bruu ta Kirsie ta drink. Says Naany, "Doo'l fin hit rampse i' da first, bit pit doo hit doon." (Yon wis whin Kirsie frusched oot da first coarn it shu lippit, an heth I coodna wite her, fir som o' Naany's medisin canna be very tasty, alto shu kens a lok aboot dis smittin things). Shu taald wis it wi' dis mort caald a body's inside cam laek a roodery skerry, an' yon minkster it shu oesed resolved aa dat inta froad an left da stammick athoot a ruckel, ready fur ony licht maet, laek kail, saat tusk, or burstin. Bit mind doo, alto Naany hed nae grate whantity o' syance, doo'l no hinder yon minkster o' hers ta stensh da host athin a ooer, an da neist day Kirsie wis i' da washing tub. Heth, says Olie, I sall get Naany ta mak som o' yon seggy tay ta Willa. Bit Lowrie, did hit no mak Kirsie mant?

Weel, kens doo, Olie, dat wis juist what I wis faerd fur, an I stuud luikin an lissenin, efter da host left her, bit shu turned roon wi' a whenk apon her an yalled, "Whit sorro is doo staandin glinderin at me fur? Geng dee wis an maet da baes." Tinks I, dir no muckle mantin yonder, so I gengs first tid da baes an dan tid da meetin i' da Hall dat nicht. Yon Agreecultiral man wis geein a lekter, aa aboot dis soorige it dey can mak oot o' muudow girse.

Na, na, Lowrie, doo's rang aboot da name o' hit.

Weel, says I, what wis it?

Noo, doo haes me. Ta tell dee da truuth, I canna mind mesel. Bit minds doo wir Joannie finnin da brucks o' a owergrowen fiddle at da banks, an Mr Jeemson i' da shop tellin him da name o' hit?

Ya' I tink he caa'ed it Sello.

Weel, weel, hit soondid sontin laek dat, bit hit'll no maeter, what sed he aboot hit?

Weel, I sall tell dee what I can mind, bit dir wan thing at I wid laek dee ta tell me first, an' dats — what wye get dey apo dis dole?

My Lowrie, dats aesy anyoch. Dey geng ta Lerrick, I tink hits ta da Fishmarkit (bit why dere I kenno, I aye tocht dey wir sontin fishy aboot hit), an dere da man haands dem a caird aa clatched ower wi' stamps, da sam as if he hed been roond da world (A'm seen dem mesel), an dey keep yon caird by dem fil dir juist haand idel, dan dey send him ta da sam man it dey got him frae, an he sends dem back sae muckel money ivery week, juist what he tinks dir wirt. Bit Lowrie, what sorro is doo needin o' da dole?

Weel, my Olie, hits da very thing I will need, fur A'm truly tinkin ta mak pairt o' my crop into Sello dis year, an' if I follow aa it yon man says dey'll be twartree ooks i' da hairst, it da sorro thing A'll hae to du ava, so hit's juist as guid it I get da dole as anidder. Doo sees wi' dis new plan, dir nedder spreadin, wharvin, or colein, juist tak it aff o' da sye, an' pit it i' da sty. Heth, dat's true, I'll hae ta kill wir grice, fur da man sed it da sty wid du fine fur a Sello, if coorse

I'll hae ta tave up da hols wi' moss an' clay ta mak hit ticht, bit dat's naethin. He sed, whin da place wis foo, we wir ta pit twartree brods across an' stanes apo da tap, an' da wark is dune.

Bit, Lowrie, hit 'ill tak haet.

Weel, man, dat's juist what's needed. He tald wis it efter a start hit begood ta torment, an da haet shuurly scooders da microbes, an torments da inseks it buils among hit fur da baes laeks it better as onything it doo cood gie dem, an' I widna say bit what wi' hit takkin haet an' tormintin, it dis new fodder micht be sontin da sam wye wi' hit, an' we'll maybe see da day (whin aa body haes dis Sellos) it da kye, efter a guid diet o' hit 'ill shoise paertners an' hae a reel apo da girse, an' heth maybe hooch tu.

Weel, my Lowrie, we canna winder at onything nooadays, wi' aa dis Acks o' Parleymint, closs times, paatent foods, tele dis an' tele dat, kens doo, I widna be gluffed if Sholma turned aroond an' taald me ta come wi' nae mair Ovum o Thorley's ta her bit juist gie her Sello brakwist, denner, an supper, or dan sell her ta Suumbro or Voe.

Na, Olie, yon's juist ruud it doo's spaekin. Whaar wis I? Man doo merrs me. Oh yea, I wis gyaan ta tell dee it yon man hed a coarn o' dis fodder itill a peerie box it he shawed wis, an' I noteeced it whin he left fur his ludgins it aa da sheep followed him, dey shuurly felt da smell o' hit. Minds doo, Olie, whin wir hay took haet, we tocht it hit wis ruined, an' fir nae oese bit da bissy, an' if we gae hit ti' da kye, dey wid get da tail-rot, bit dis man tells wis it dat's aa foaly, kens doo he haes a pooer o' noleege aboot kye. He says what caases dat trubbel is a flea it bores a hol' an' lays her egs i' da coo's tail, an' whin da young flees begins ta sprikkle dey schow apon a nerve its dere, an' yon hinders da bruit ta wig her tail. Heth, I aye lade on a possick o' fir tar an' brimstane, hit shuurly smoared dem, alto I didna ken dey wir dere ta smoar fill he taald wis.

Noo, Lowrie, efter what doo's taald me aboot dis new plan, an' since doo's gyaan ta try it, heth, A'll try hit tu. Da peerie vod hoose at da back o' da yerd is juist da very thing. I hae as muckle need o' a rest as doo haes, fur dir trooly a poo'er o' wark wi' dis hay, some years A'm seen da scories soomin aroond da koles i' da muudow, an' wis waitin' fur a slud ta tak hit up as hit wis.

Bit A'm juist minded enoo aboot a lok mair it yon man sed, he taald wis if we tried wan saeson o muudow girse i' da Sello, da nixt saeson hit wid be da hale crop, fur dir no een in a hunder it yarrows dir crop noo, an' he kens dat, its aa fur fodder, bit he tocht it wid be better ta minx twartree mair things in wi' hit. He spak aboot some forin girse it cam frae Italy, doon yonder aboot whaar Paul clatched, puir body, he hed mony a weary traek among da lang girse gyaan atween da hooses, doo kens dey wir nae Fords dan a days.

Na, Lowrie, I widna say dat, fur leukin at som o' dem apo da rod, ye wid say it dey wir been rinnin frae afore his day.

Na, na, Olie, dey canna be dat aald, or dan dey wid fun startin' haandles an' idder bruck belangin ti' dem inta dis aald toams it dir bune rancillin. Anidder thing he taald wis, wis at saain pease an' beans among da crop med it very rich, bit whin I spak ta Kirsie aboot hit, shu wis apon een o' her high tilts, an' I gotna muckle sense, doo kens shu aye keeps twartree peas i' da press fur da broth a Sunday, an' shu sed, if I wantid ta saa pease, I cood buy dem, fur een ta sorro I wid get frae her. If coorse hits true anyoch it shu says, wance it da peas gengs trow dis Sello dey'll no be fit fur human maet. Hoosumever he sed it med da crop, I tink hit wis 300 per cent better. He got ee kishie ta be wirt fower o' what we wir geein da baes afore, an' dan dey'll trive dat weel apon it it aa body 'ill hae ta widen dir byre doors ta get dem oot an' in. If coorse we ken anyoch noo ta mak a beginnin, bit I tink Olie, whin I get hame me kar, it doo an' I 'ill mak fur Voe an' see aa da richt wyes aboot dis Sellos, fur I hear it aa dem it comes ta leuk at dem ir intertained, what better place cood we geng till fur dat as Voe.

Lowrie's Draem

SAYS I, my Olie, dat's a day o' him, as we met apo da tap o' da Watchie Knowe wi' da broon watter aff o' wir keps, reebin' doon ower wir faces an' sweein ata wir een. I see, boy, it doo's been on da sam airrent as mesell.

Ya, says he, I left da hoose twa oors frae syne, an' A'm been aa roond da Broon an' as far as da ness efter dis plaiged lams. Ever noteeced doo, Lowrie, it dey aye pit it aff fill its edder a doon-tuim or a pinishin frae da nor-aest, at laest dir aye mair it comes wi' ill wadder.

Dat am I, boy; I tink dey du it fur spite. Bit saa doo ony o' wir eens oot is da Broon? I hae fower no accoonted fur.

Weel, says he, no at da Broon, bit yon smirsit yow o' dine is lyin' i' da daal wi' a pritty lam, an' da almark it doo bocht frae da Nort Grind is brawly near till her, bit I saa nae lam; bit doo'll better luik efter her fur if A'm no mistaen, shu's seeknin wi' da quirkibus. Isna dy dramm a moorit an' a black treed becaas I saa een apo Swartwell it I tocht wis dine. Wir dramm is twa black ooin treeds an' a white pirm treed.

Na, my Olie, sees doo what's comin frae da aestard. We'll hae ta kroog wi' dis. As we oaged anunder da broo, says I, du's doo kno I believe it fok i' da toon tinks it lams juist grows laek cockaloories, an' it we nae trisht wi' dem. I trooly wiss it some o' dem hed been up as da Bae Knowe a Fuursday whin I fan wir twayeerild catmuggit yow lyin debateliss an' a puir amos ting o' lam wi' naethin bit a spark o' life atill it. Kens doo I hed da maistlins kerry da puir hame. Kirsie juist klikit da lam whin I cam in, an' ran fur a aer o' speerits it I hed i' da ben press. I wid a sed dey'd bune aboot a guid moothfu, an' my mooth is juist haf a gill i' da auld mizzer. Hoosumever, Kirsie took a coarn in her mooth an' a drap o' mylk an' guid ta blaw hit doon wi' da lam, bit I tink da lam shuurly blew first, fur hit guid doon wi' Kirsie, an' kens doo shu med tree trials afore shu got ony doon wi' da lam, so dir nane i' da leggin noo if I fin anidder deein lam.

Boy, while dis shooer is on an wis kroogin, I micht a taald dee a kurrious draem I hed. Heth, A'm never taald Kirsie yit, hit wis sic a fule thing. Weel, I dremt it doo an' I wis wanderin up as dis, an' whin we wan ta da tap o' Whamarunne here wis da hale side o' da hill frae Virdibrig ta da Ramna-brugs lade aff in swaers wi' dis netted ware, an' inside wis juist a mird o' what I took to be young lams. Says I, Olie, Loard gaird me; what is dis? An' doo says, never saa doo dis afore? I, no I, bit wha pat it here an wha is locked up da tings o' lams laek yon? Man, Lowrie, dis is da new Angora rabbit faerms. Ever neebor haes a swaer tae demsells. Doo kens we keep nae sheep noo, dis peys wis better an' we haena sae muckle wark an' daddery as we hed wi' da sheep; dir nedder drammin, markin, or dippin, an' nae waanderin da hills wi' a moorcavie proogin into every fan fur karcages, an' as fur rooin, dir a macheen it grips da rabbit be da lugs an' da hint feet, an' da 'oo' is peeled aff o' him in a rower an' draps intill a bag. Man, hit's juist play tae wis, an' we hae fresh maet da hale year roond. If coorse we hae nae puddins, bit dis rabbit pies maks up fur dat. Bit Olie, du's no taald me wha pat dis here. Weel, says doo, I sall tell dee.

We got a new laandlord, a wife body dis time, an' shu hed ta spend her twa pennies some wye, an' dis is what shu did. Wi' yon du seemed ta vainish oot o' me sicht, an' here wis a leddy body staandin ahint me. Kens doo I tocht I wis seen her afore, bit hit wis a pikter I wis mindin on it me midder hed whin I wis a bairn, caaed da Vicar of Wakefield and Family, an' shu wis da eemage o' Mrs Vicar. Hoosumever, shu says, Are you Laurence of Bylafield? Says I, dat am I, mem. Well, you are the very man I have been looking for. I require a man with energy, courage and enthusiasm to act as my manager and assist me in my plans. You will observe the largest rabbit park, consisting of three acres, I have reserved for myself, and which you must manage for me. Says I, Is dat da railed in bit up as da aester lug, mem? It is Laurence, and I want you to develop it so that this estate shall be world famous for its Angora wool. Kens doo, Olie, it I fan da baand o' me breeks growin' tighter, juist swallin' wi' pride at bein' a rabbit manager; bit shu gengs on, an' says, Sit down, Laurence, I must have a serious talk with you. Wi' yon shu sets her apon a stane, an' I dips me apo da neist broo, bit I wisna sitten lang afore I felt da weet sabbin up trow me, so ta get her ta flit, says I, ir you comfortable, mem? Oh, yes, Laurence, quite comfortable, but as I was remarkling regarding the rabbits, you must be kind to them, learn their language and rule them gently. Langage! says I, hae dey a langage? Oh, yes, Laurence, rabbits have a universal language. Have you never heard a rabbit spaek? I, I, no I, bit A'm herd een peestrin whin Rover wis wirryin him among da kail. Well, well, you must try and learn to speak to them, so that you may know their wants and desires. Weel, mem, I sall du da best I can.

Then again, Laurence, I wish you to try by intensive breeding to increase the length of wool to eight inches. If you can I shall reward you with a farm stocked for your own benefit, but as you know I have been a lover of animals all my life, and now desire to turn my hobby into a money-making concern and require your aid.

The scheme is this. I intent to start a cat farm also. Wi' yon I tocht I jamp up (an' gled I wis fur I coodna tell her it da weet wis penetratin well up trow me) an says I, Loard gaird me, mem, what neist? Yer no funnin wi' me, fur ye ken da taen 'ill aet da tidder.

My Olie, what truss comes in a body's mind whin dir sleepin. Bit what I tocht shu sed wis: No, Laurence, I am in earnest, we will surround the cat farm with a concrete wall which will prevent accidents — but don't interrupt me. Perhaps you don't know that cat's skins are in great demand, prices ranging from 6d to 2/6 according to quality. I shall start with 2000 lady cats, each cat will average 12 kittens per year, giving us 24,000 skins, these selling at an average of 1/6 means a revenue of £1800 per annum. Bit, mem, says I, hit 'ill tak aa da kye in Shetland ta get mylk ta feed yon mird o' cats. Now, Laurence, don't interrupt, just wait till I explain. Milk, indeed! No, we must start a rat farm, and as they multiply four times as fast as cats, we will begin with 2000 of them also, thus having four rats per cat every day, then we will feed the rats on the carcases of the cats from which the skins have already been taken, giving each rat a quarter of a cat. So you see, Laurence, that the whole business will be self acting and automatic. The cats will eat the rats and the rats will eat the cats, and we shall have the skins. A man will be able to skin 40 cats a day, even working at the present day speed, therefore the expenses will roughly be about £200 a year, giving us an income of say £50 per day. Your share will enable you to pay off all your debts, also pay a higher rent without feeling it, get a wireless set, and many other comforts for your wife and family.

Be dis time, if doo'll believe me, Olie, da cauld swate wis lowsin apo me. Noo, I tocht, shu pluckit ata me airm an' says, come Laurence, I see you have agreed. Now we will have a look at the

Angoras. Wi' yon shu opened da grind an' we guid introw. Shu spak ti' dem, bit I tink shu med dem tirn, fur I tocht a grate haethin wi' a face laek a cuulit coo an' lugs laek a foresail, cam loupin fur wis. Kens doo, alto shu cood spaek till him, shu wis as faer'ed fur da bruit as I wis fur shu juist gaddered up her cots fill dey wir abune her anklers, an' spritted doon da broogie an' vainished.

I stuud kind o' dumpeesed, an' juist tinking, if rabbits need markin, heth, dey wir room apo yon lug ta scrit on da voters list, whin da bruit med a bool fur me an' begood ta bult me i' da tin o' da side.

Da neist I kent wis a yall i' me lug — Boy, is doo gyaan ta sleep aa day? Doo sood a bune at da hill oors frae syne. I be helpit if da bultin wisna Kirsie's elbicks daddin me i' da ribs, trying ta waakin me. Noo, my Olie, ever herd doo sic a currious draem?

Na, says he, dat I never did, an' dan doo haes it dat veeve tu. Heth, I tink if dis hosiery trade comesna a coarn better, I tink it da cat faerm wid be wirt tryin, bit doo wid by wylkim ti' da job o' maetin da rats, da venoms.

So, boy, dis shooer is aff, an hit's lint up a bit, A'll hae ta be winnin hame trow. My feet ir juist japplin.

"Da bruit made a bool fur me un begood ta bult me ida side."

Lerwick — A Glimpse Of The Past

WHEN I came back to Lerwick, after fifty years away,
The changes wrought in all around I viewed with much dismay
The very beach whereon I played has vanished, and is gone,
And in its place stand buildings now of concrete, wood and stone.
I tramped the street from end to end, which now looks like a lane,
I searched for some familiar face, but it was all in vain;
No friendly greeting, nod, or grip, as I walked up and down.
I thought, can this be Lerwick, my own dear native town?
I'll try the North End once again, I'd like to have a talk
With **Spangles**, or **Mike Duncan**, while parading Burns' walk;
And then it dawned upon me, is it likely these two can
Be living still, and hanging out beyond the alloted span.
I knew the world was changing in places I had been,
But Home, I hoped, and fondly thought, was just as I'd last seen;
Alas! I find it also changed my old associates dead,
And I'm a wandering stranger where I was born and bred.
While in the bush, and sleeping under Southern starry skies,
I saw all Lerwick's Worthies pass before my dozing eyes;
In front was **Robbie Snuddie**, to all appearance foo,
Followed fast by **Mary Norrie**, guiding good old **Harry-o-Too**.
Blind Mansie with his fiddle, **Brother Tom** with his long flute,
And as **Ingin** played the whistle, he tripped **Luddle** with his foot;
Magnie Rory leading "**Betty**," **Jeemie Mann** still "shapping free" —
It was a glorious muddle, but brought Lerwick back to me.
Kissim Robbie, he came prancing with **Gruttie Barrel** in tow,
And **Willie-be-Wast** next, leading what appeared to be a cow;
To which he gave attention, till **Ellie Snuddie** hove in sight
Comparing her Theology with the preacher **Jeemie White**.
In what seemed about the centre of this interesting file,
I noticed **Willie Lickie**, in his swallow-tail and tile;
For **Mam Lily** and **Daa Davie**, he courteously made way,
But to all his mixed companions he had not a word to say.

Why, there's old **James the Bellman**, I knew his usual cry;
Then follows **Beenie's Angel**, carrying **Lowrie Craigie's** scythe;
Robbie Haa and **Paetie Humpy**, with their pocks upon their backs,
To get a diet of sillocks, for the North Pier making tracks.
Abyssinia carrying fancy goods, with boots stowed on the top,
The **Selik** following in his wake, in case some goods should drop;
Ness Dummie, with his fancy signs, is jawing **Miller Drone**,
While **Yie** and **Kala**, with delight, are quietly listening on.
Harry Stephen dragging at the hose, and washing down the street,
While **Jackie the Crow** hops up a lane and tries to save her feet;
"I kenna whaar ye see it," I hear old **James Spence** say,
When **Zeembo Mann** passed the remark, "James, what a lovely day!"
The ladies' section heaves in sight, and **Lily Cogle** learns
That old **Jane Garriock's** counting out all those she terms her bairns;
Johnnie Leask and **Muckle Gideon**, arguing fierce with tongue and hand
That a compass is no blessed use when out of sight of land.
The scene, it was amusing, and almost made me laugh,
Seeing **Wine-Gruel** with a kishie, carrying **Naanie Marmie's Calf**;
Johnnie Olie on his charger came ambling through the throng,
Making way for **Tammie Hexter**, as he and **Parley** stumped along.
Strong Johnnie biting double nails, and **Tulter** looking on,
He fain would emulate this feat, but his best teeth were gone;
Then **Grannie Da** and **Bonar**, with **Ellie Brodie** in between,
While **Billy I** with head held high, says "other days I've seen."
Andrew Harrison, he tries to keep in **John McWhirter's** track,
But poor old **James the Fiddler** has rheumatics in his back;
Between the pains, he tries to give "The Shaalds o' Foula" sheet,
But **Johnnie Doull** and **Maikie Leask** near knock him off his feet.
Ross Smith with hidden camera, tries hard to get a snap
Of **Brother Andrew** on the beach, but he evades the trap;
The strains of Rule Britannia I hear both loud and strong,
As **Goodlad** of the **Malakoff** emerges from the throng.
There's **Liverpool Lowrie** walking fast, **Royal Charlie** in his wake,
While **Gideon Brown** is striving hard this pair to overtake;
Old **William Mouat** the Cooper, in spite of fir-tar stains,
The fixed smile on his kindly face shines through, and still remains.
Old **Horspool** with sarcastic smile in glancing down the ranks,
Compares the undulating line with the well-known Battery Banks;
Johnnie Gullit with his night-cap on, instead of decent hat,
Is trying to stop **Red Lowrie** teasing **Anderina Twatt**.

Toy Bolt comes next with **Brother James, Singing Lowrie** warbling fine,
While **Hunch 'er up** with his old stick, is keeping them in line;
In the rear is old **McFaddyen**, teaching **Mishie** how to drive,
Just as I'd seen him often, 'way back in seventy-five.
From out the gloom comes **Nickie-o-Bu**, his sleeveboard like a shield,
Then **Innes Tait**, with bloodstained knife, a tool he well could wield;
Behind plods old **James Jackobson**, quite lost without his horse,
While **Hay Blance** plays a stirring march, by which **James'** pace to force.
There's **Yacob Mowat**, the boatman, on his shoulder lies an oar,
His name resounding through the Bay — when Fadder wished ashore —
A gap appears now in the ranks, **Yackie Tammie's** raising Cain,
His chariot with the peats capsized — the boys are blamed again.
Robbie Arthur's sooty ladder, his heather-cows, and broom,
Just misses **Steelback's** rigid frame, but scraped her rose-cheek bloom;
Greig Royal, that fine old warrior, whose tales us boys oft thrilled,
Is letting **Charlie Carly** know how many whales he killed.
The light turns dim, but still they come, and march past two by two,
With **Drine** performing all his tricks, as only **Drine** could do;
Then the welcome vision faded, and all thoughts of old time fun,
As far off in the distance I hear the **Steamer's Gun**.

Lowrie Up Against Da Laa

EE nicht I wis sittin at da fire roomin oot twa aik swills wi da singin iron. Heth, I wisna makkin muckle redd, fur he wis only da tae o' an aald dregg ta begin wi', an' wi' da conteenwal haetin he wis turnin brawly spenglid. I wis juist at da hidmist hol' whin I hears Kirsie's fit apo da brig stanes. I never leets fill I hears her kind o' mantin atween da shooers o' hostin. Dan hit cam.

"Why sorro coodna doo a ta'en yon furt, fillin da hoose wi' reek an' shockin every sowl athin da door?"

So lass, A'm dune. I was gyaan doon ti' da shop a start ta hadd me oot o' laanger.

Says shu, I wiss doo wid, an' whin doo is doon tak me up twa onces o' kreme o' tarter.

I sed yea, bit, ta tell da truuth, whin I cam doon, dey wir a lok gaddered oot by da coonter sheeksin aboot what ye wid caa current topicks, so it afore we left I firyat aa aboot Kirsie's airrent. Bit man, whin men ir met tagedder ta advise da govermint da richt wye it things sood be don, an' spaekin ower weichty maeters laek da Hoose o' Loards, flueky livers, Lerook drains, sheep dip, an' da upshot o' India, whaa's mind tinks doo cood descend ta krem o' tarter, alto Kirsie tocht idderwise whin I tald her it I firyat.

Onywye, I wisna weel athin da door afore Olie (he wis dere tu sittin apon a whommeld tub), he gets oot, Noo, Lowrie, I ken doo'll tak my paert, fur Sharrley o' Setter is bune treppin doon my trot it wir kyuntry is no anunder Free Trade.

Weel, Olie, says I, doo kens it I never argy bargy aboot dis Hom' Rule, Social Pertectshun, Union Liberals, Free Trade Tories, an aa da idder truss it ye're aye tullyin aboot, fur I tink it dir naethin waur fur sinderin freends is dis politicks. Bit if doo gets my opinion, heth, hit'll no set dee up, fur I wid still hadd wi' Sharrley. Doo kens it Free Trade is juist dis, it a body can buy or well onything at ony price, in ony place, an' at ony time. Bit tell doo me hoo mony cood duu dat anunder dis Govermint? Heth, hit's no sae very lang frae I saa i' da paper aboot a peerie lass in Lerook it wis sent for a bottle o' parafeen, an' da wumman it keepit da shop wis juist layin tu da door, becaas hit wis seeven meenits by da oor it da Laa wis lade doon. Bit ta ableege da ting o' lass, shu gae her da oil, an' wisna shu hauled afore da coort fur hit, an' hed ta pey ten shillings fur da bottle. Dat comes ta neerly da price o' a coo fur a gallon o' parafeen. Whaar's dee Free Trade dere?

Spaekin aboot da Laa, did I ever tell dee it I wis gotten my peerie fleckit grice murdered, an' da sorro ha'penny I can get fur him, an' no even setisfection, aa trow dis plaiged Laa?

Na, Lowrie. What wye did it happen, fur I never herd onything aboot hit?

Weel, hit wis juist dis wye. Peerie Erty o' da Houb wis bune ower at wir'oose a airrent, an' I wis spaekin till him frae da riggin o' da byre. Doo kens I wis rivin aff da aald ruif, an' frae whaar I wis staandin I sees wir young grice makkin fur Erty (da bairns wir shuurly lattin him furt), an Erty is as faered fur a grice as hed hit bune a taegur. Noo, what du's da boarn fule duu bit reck up an' mitten a taa heelik aff o' da waa-hed an sove da ting a grice i' da face layin him a cauld corp i' da runnick. I wan doon till him an' taald him (athoot ony fluurishes) it he wid hae ta pey me apo da links o' his neck therty shillin's fur me grice, or I wid hae da paleece till him. He sed da grice wis gyaan ta bite him. "Bite dee, doo fule," says I, "whin da tings bittles wis hardly brokkin da sken!" Hooever he guid, an' da neist I gets wis a letter frae his bridder Jeemie it wirks atill a Lawir's office in Lerook. Bit I cood make nedder hed or tail o' him, fur doo kens dey oese naethng bit da Laatin dere, spaekin da taen ti' da tidder, sae it nae unkin body can understaand dem. Man, I tink I hae da letter here ita me pooch.

Says Olie, Doo micht a shawn me him, fur A'm herd da ungtioneers sellin' herrin' i' da Fish Market, an' hit's no unlaek Laatin, so I micht a med sontin o' him.

Weel, weel, here doo haes him wi' my blissin.

So Olie begins:— LAURENCE OF BYLAFIELD VERSUS ARTHUR OF HOUB. Weel, Lowrie, whaar comes in da versus, fur I see nae poytree here?

Nedder duu I, bit read doo on.

"Whereas it is stated and declared, that the said LAURENCE OF BYLAFIELD, with malice aforethought, and contrary to the *Commune Bonum* did allow, permit, and encourage a biting grice of *Ferae*

Naturae to roam at will over the lands, moors, dubs, and paths of the aforesaid township of Bylafield to the immediate danger of His Majesty's lieges, Act Vict. (c) section 96 and King Edward, Chapt. 17 . . . . . ."

Na, Olie, yon *is* a lee, fur dey wir never ony royalty up wir wye, bit read doo on.

". . . . . . and that the aforementioned grice, with jaws distended, did wantonly, wilfully and ferociously attack the said ARTHUR OF HOUB, causing him severe mental pain, but he with wonderful presence of mind did place in the path of the said grice a taa heelik, upon which his snout, proboscis, or trunnie did impinge with such force that within one minute the said grice was *In Articulo Mortis*, a clear case of *Felo de Se*."

Na, Olie, yon's anidder muckle lee, fur dey wir nae sea ta faa atill, naething bit da runnick, an' as fur da articles o' mortor, heth, hit micht a bune dere tu, bit doo kens what's i' da runnick as well as I du, so read doo on.

"It is further stated and declared that the aforementioned LAURENCE OF BYLAFIELD demands compensation *Ad Valorem*."

Oh, da scoondril, an' I juist sed therty shillins,

Hadd dee tung, Lowrie, fill I git trow wi hit.

Heth, dir nae want o' hit edder. Weel, weel, says I, reed doo awa.

"And furthermore, any evidence emanating from the said LAURENCE will not be accredited, *Bis Pueri Senes*. That he will be held liable and responsible for any damage, physical or mental, temporal or otherwise caused by the aforementioned grice. And note further, that not *Durante Vita*, will any claim for compensation anent the foregoing accident be entertained.

    Given under my hand and seal this fourteenth day of June, in the year of our Lord, nineteen hundred and thirty.
    JAMES JOHN WILLIAMSON, L.E.E.R.

Noo, Olie, what maks doo o' hit?

Weel, Lowrie, I tink hits juist lees frae end ta end, an' da only true bit is yon letters it Jeemie pits ahint his name for yon degree it he haes, an' I see it if yon grice o' dine lives up again an' du's ony faat, mental or temporal, dan doo haes ta pey fur hit.

Yea, boy, I saa yon. Bit ta tell dee da truuth I shew da letter ta peeric Janey, an' doo kens shu can read dis Laatin laek da watter, an' her readin' o' hit wis it da sorro a penny I wid get fur Patty. An dey med oot if da grice didna mak a end o' himsell, dan hit wis a case o' self defence. Oh tweetieshee dis laawirs, fur dey can mak sontin oot o' naethin, an' lat black luik white. Kens doo, eence I wisna aff o' da mind o' makkin een o' my boys inta a laawir, bit noo efter dis, da sorro wan o' my eens sall ever wear a black nichtgoon or idder foks' hair.

"*Bite dee, doo fule,*" says I . . . .

Lowrie Starts Motor Repairs

E day hit cam a spaekin aboot wyes o' makkin money. So I says to Olie, Kens doo, boy, A'm bune tinkin fur a braw while noo it I cood turn a honest penny or twa wi' mendin kars.

Doo, says he, I ken hit wid be a mend it doo wid mak. Man, A'm seen tree men o' abeelity lyin apo da keel o' dir backs anunder a kar fur a hale oor an' never got her ta muuve. What cood doo a dune wi' a job laek dat?

Weel, my Olie, yon men micht a hed abeelity, bit dey hed little sense, fur tell doo me what man can wirk lyin apo da keel o' his back; juist try doo hit desell guttin fish, mixin lime, or onything laek dat. Na, na, I wid a juist whommeled her an' gotten da richt swing o' me airms. Bit dan, doo kens aa jobs is no laek dat; dir peerie eens it ye cood mak a lock o' if ye wir i' da wye o' hit.

Dere wis a Fuursday. I wis troagin awa nort by da brig, luikin fur a haethin o' a almark it wis set aff. I sees a kar staandin apo da rod wi' nane bit a ting o' lass aside it. Shu hed een o' da engin lids lifted, an wis scoitin athin da guts o' her. Tinks I, Guid help me, is yon ting wirking a grate bruit o' a kar laek yon. So, whin I wins fornenst her, says shu, Good evening. Do you know anything about cars? Weel, says I, I ken a coarn aboot dem. A'm wroucht a Ford. Oh! that's fortunate, then you will be able to assist me. Bit, says I, what's wrang wi' her? Dan shu cam wi' a string o' wirds it I wis never herd afore. Heth, I tocht shu wis swaerin first, bit hit wis juist dir kar langige. (I'll hae ta laern hit tu, if A'm tinkin ta du onything i' dat line). Says shu, Coming down to brass tacks, I started from the top of the hill, I pressed the button, and stepped on the gas. The engine was purring away at 1,000 revs, the mag. was functioning O.K., when suddenly she conked out. Oh, says I, is dat a. Herd ye ony schuel eft? No, there was no undue noise there. Oh, weel, dan, dat bit o' her is aa richt, bit herd ye onything for'ard. No, I can't say I did. Weel, dat bit o' her 'ill du, so we'll hae ta luik aboot da mid room o' her.

Ye ken, wi' dis things ye hae ta noteece whaar you set your feet. Dir dat mony nobs an' handles it ye micht stramp apo da rang thing an' play da mellishon afore ye're awaar o' hit. Noo, says I, afore we begin, hae ye anyoch o' peetril athin her? Oh! says shu, tons of juice. Bit I wisna setisfeed, so I feezed da bung o' da tank widdergaets an' coaged in. Heth, shu wis richt, hit wis swittlin ti' da tap, so I axed her if shu hed ony tuels. Oh, yes. What do you want? Stillson, footprint, quickgrips, Billings adjustable or pliers? I kenta what aa yon wis. Oh, says I, onything it 'ill turn a nit. So shu ranselled awa atil da box an' cam wi' a think laek da neb o' a tammie norie wi' teeth apon it, bit, afore I begood ta wrassle wi' hit, says I till her, Ye wid maybe laek ta see da Giant's Grave. Hit's juist a peerie bit up frae here. Oh no, says shu, I am not interested in graves. Ir ye no, says I, hits very anchient, an' dan a bit farder ower is da Trowie Knowe, whaar ye can hear da fiddles playin i' da bools o' da aert frae dayset fill twal. You cood a geen an' sitten apo da tap o' da Knowe, dan you cood a taald your fok aa aboot hit, whidder dey herd dem or no.

Doo kens, Olie, I wis wantin ta get her oot o' da gaet fur I kentna what ta licht till, bit tinks doo wid shu budge. Na, no a stramp, alto shu wis a pritty ting o' a lass, an' laekly com o' guid paarents, shu hed nae notion aboot moniments and auld things. So I juist guid on an oonscrewed da stroop it leds to yon peerie cup wi da ware stikkin up frae hit, an da sorro drap o' peetril wis comin' trow. I gets doon me hed an' tries ta blaw trow him, bit I cood as well tried ta blaw trow a belayin pin. Says I we needna geng farder; dir a shock atill her. Do you think it is serious? Na, hit 'ill laekly be a brunt match or sontin jammin him. Bit I wis trivillin alang an' cam apon a handle it I turned, an all at wance, hit cam trow wi' a gush laek a burn, so I hed ta stap da end o' da stroop i' da hol an' screw up as fast as I cood. Noo, my jewel, you cood try her. Shu duus sae, an' aff shu guid wi' a snore. Man, shu wis juist elevaated, an' wantid ta pey me, bit I widna hae a penny. But, says shu, you will have to take something. "Na, says I, tanks ta you aa da sam, bit I never preeve it aless at Krismass or a wedding. Bit me haein some experience apo da rod, I wid laek ta gie you a coarn o' advice afore ye geng. Dat is, never ye trie ta geng ony lang run athoot turnin' on da peetril, an' aye kerry a croon bevel an' a back exle i' da tuel bag, reddy ta ship on, fur hit fairly hinders you apo da rod whin dey faa aff; an' never geng ower 50 or 60 miles a oor whin ye're gyaan aroond da

Deevil's Elbick, Roel's Brig, or Keetie Whirrie's Coarner, aless you have yon speeshil rate o' insurance for Northmavine.

Bit, man, she wis spritted aff afore I cood tell her da haf o' what wid a dune her guid. Weel, says Olie, I tink dir sontin in it efter aa, fur yon job (hed du been i' da wye o' hit), wid a bune frae twal ta twenty shillins, da price o' a guid hug. Dat hit trooly wid, sayd I, hed shu been oot o' da rod, so I tink I sall juist widen da door o' da auld barn an mak hit kirrsen fur kars comin in. Bit, says Olie, doo'll need ta get tuels. Yea, I wis gyaan ta get yon eens it da lass spak aboot. Doo kens I cood oarder dem frae Lipton's. Dan, says Olie, what aboot dee sine? Weel, says I, I wis tinking aboot dat tu, an I shawed him da back o' an invelop. Hoo, tinks doo, wid dis du.

BYLAFIELD MOTOR WARKS.
KARS TRATED FUR ONY TROUBLE.
TIME NAE OBJECT.
REGLAR CUSTOMERS DUNE FUR.

Yon's no sae ill. If coorse, doo's sed naethin aboot shockit pipes. Na, says I, dat 'll be i' da accoonts. Peerie Janey 'ill mak dem oot. Shu haes da laer. Weel, boy, says Olie, I'll hae ta lave dee. I wis ta be hame afore dayset, bit I sall aye be comin ower ta see what wye doo gets on. Doe say, an' tell ony o' dis men it doo sees wi da stretkneed breeks an' white keps it A'm makking a beginnin.

Osla's At-Hom

NAE doot, Olie, doo wid a herd it wir Osla an Gibbie baith cam hame dis week. Gibbie's ship, doo kens, wis lade up, bit Osla sade it shu wis juist com hame fur holydays. Heth I tink its aa holydays wi dem noo. Bit man, says Olie, hits very sheerie ta hae da bairns hame agen, doo'l juist hae a hoosefoo noo. Dat duu I. Kens doo, dey wir sittin spaekin da streen aboot haein a CONVERSATION-ONNY; says I, what ill trift is dat, haes hit onything ta duu wi dis reedin sweeties? No, no, Dad, says Osla, its just an AT HOME. At hom, says I, weel irna we at hom? We're no among da fremd. I guess, Dad, says Gibbie, she means to 'ave a bit of a social party to celebrate our home-coming. Oh, says I, shuurly, shuurly, bit wha wid ye be haein at hit? Waal, both Osla and I have a few old friends we are inviting, but you must not forget Olie and Willa. Na, na, dat I sanna. So boy, whin doo's dune dee nicht's wark da moarn, tak doo Willa an stramp alang. I may tell dee it Gibbie wis at Voe da streen so hit canna aa be tay. As far as I can mak oot, dir gyaan ta hae a thing laek a Cairdin athoot o'o.

Na nicht cam an lent, an if Osla didna mak a steer atid da hoose, dan I sall had me tong. Shu set da kists a ten apo da tap o da tidder, an da kirn benond aa, ta mak room, be her tale, trailed aa da ben shares butt, an shu hed da back a da restin share dune up we floored cloots, dan packid bags wi hay i'da boddam ta sit apon. Says I, lass doo's taen da lams' brakwist. But Dad, this will make a nice setee. So, so, tee doo awa wi him; bit yon canna duu whin am baitin da line.

Wi yonn Olie cam in himsell. Says I, what's doo dune wi Willa? Oh, says Olie, shu bade me gen and shu wid com efter. Kens doo Flecka is no bune weel dis day or twa, an Willa wis gyaan ta take a keek i' da byre afore shu left. So, so, boy, as lang as shu's comin. Set dee feet up tid da fire an fill de pipe. Gibbie haands him his cash, bit I hed ta lach, fur Olie coodna win atill him; Gibbie taks him back an says, this is one I bought out in 'Frisco, real pigskin with zep fastener, they are quite common out there, an he taks hadd o' a tiv laek a moose lug an' scrits hit ower da saw teeth, an' heth hit wis open aapo da meenit, dan he haands Olie da box o' matches, an da first it I saa wis roog o dem apo da fleur. Noo, what sade I? Man, wi dis paatent matches, ye maun aye keep da Guuse uppermist. Kirsie leuks up, bairns, what tink you is com o Willa? An wi yon, Willa opens da door in cam in trow. Says I, lass, doo's shuurly bune trang? Yea, Willa says, am trooly bune dat, fur whin I leukid at Flecka, wisna shu far waur, an' hed a vild dry host. I guid in ta get her a haet drink an wisna auld Naanie o' da Toogs sittin at da fire. I wis trooly blyde ta see her, fur ye ken shu haes a guid nolige aboot baes. I got her ta leuk at Flecka, an' shu wis juist in ower da guite o da door whin da coo gae een a yon scraapin hosts. Oh, lass. I needna geng farder, yons da Lungasuut, an hit'll hae ta be kurred at wance; kens doo if dir ony o da men at da fishin? Yea, I tink da Gord boys guid aff i'da huumin. Weel, rin dee wis ta da banks an see if dir com, an if dir gotten a hoe, com wi him as fast as doo can. So I gengs, an dey wir dere an gotten sax hoes, an sayin na want o guid wirds aboot dem. I taks twa, an Naanie guttid dem carefully an took da livers; shu says we maun keep da gaa hale whatever we duu an get dis twa livers slippid doon wi her, so whin dis wis dune, shu says, geng de wis ta yon foy it doo wis tellin me aboot, I sall bide a start, bit shu'll be aa richt i'da maetter o twa oors. An yons what keepid me.

So lass, A'm blyd hits naethin waur, hit micht a bune ony o da bairns. Dat is true, Lowrie. Noo, Osla, since doo's brocht da folk here, get dem sontin id dir mooths. I am coming slick, Dad. You might shift your chair a little, while mother and I set the table. Ya, ya, I sall duu dat. While dey wir duuin yon, Gibbie wis tellin wis aboot some coorse voages it he wis hed, alto am seen coorser. Says I ta Osla, what is aa dis it doo's settin doon? Well, dad, we have tea, fruit and fancies. Weel, haes doo nae baken bred? Oh, no, not to-night, but there's Queen cakes, shortbread, sponges, cream cake, and some nice tomatoes. So we set wis in, an shu haanded da truncher wi yon rid aepples ta Olie, says shu, have one; they are nice and ripe. Heth, he needed nae second tellin. He took een an' set his teeth atill him, takin maybe da lucky haf. Says I, What laek ir dey, boy? Bit he never spak, I tocht it he wis maybe shockid apon him, his face wis dat trawn — ye ken he wis at da ubie end o' da table, an' I sees him risin an' makin fur da fire, an' he never lint fill he sprootid him ata da ess. Lass, says he (whin he wis gotten his breath), Yon wis shurely a rotten een it I got. No, Olie, it was a good one, but before you can enjoy them, you want an acquired taste. Yea, says I, dats da sam as whin ye're showin lempits fur soe, ye need a wheer taste fur dem tu. Hoosumever, Olie took nae mair, and I never preeved dem edder. Efter we wir hed wir tay an' every een setisfeed Joannie o' Gord gae wis twartree auld tuuns an' springs apo da fiddle; an' Osla tald wis aa aboot da wye it dis muckle fok in Leith du's. Gibbie guid aroond wi' a drap o' speerits an' a peerie biskit ta keep wir herts, dan he tald wis aa aboot places it he wis bune atill, an' gales it he wis geen trow.

Man, Gibbie, says I, sailorising is a jantleman's life noo ta what hit wis i' my young days. I winder hoo affen doo haes ta sok dee biskits i' da coffee an' skoom aff da weevils an' peerie kloks afore doo can preeve hit, da haethins lyin ata every hol an' atween da faulds o' da biskit lek a body atween da blankits, dan ta brak wan o' dat pantiles apo yer kjnee — weel, if he guidna da first time, heth da kjnee-shall siffered. Noo dir naethin bit baker's lof, an' fresh maet taen oot o' some cauld hol it dey hae abuird. Dat's a fack, says Olie, an, dere wis da drinkin watter, rinnin tik frae da dipper laek caster oil, ye hed ta hadd on yer nose whin ye took a drink o hit. Yea, an' mair dan dat, dey ken noo what dir soup is boiled apon. I mind ee day it da peasoup hed a vild waageng wi hit, bit hit guid doon aa da sam, an' dan we only fan oot it da cook's greasy kep wis faan i' da pot an' juist boiled ta rags. Says Gibbie, I guess that wouldn't happen nowadays, you know the men would never stand it. Na, says I, bit dey hed to staand hit dan, an' tak what wis, or get naethin. Yea, an' I winder foo mony o' yer deep watter men cood stow topsails wi a flyin gale, or bend a new royal whin he wis blawn oot o' da boltrops. Da sorro wan I kent aboot, an' I never tink it dir mony left apo da fitstuul. Waal, says Gibbie, we dount get any of these bally jobs to do now or I guess they would be kerried oot the same way that you did them. Na, na, my Gibbie, doo's rang, fur hed a tree-master ta be wrought noo-a-days, hit wid aa be don wi syance an' treecity. Dey wid hae a raa o' mobs apo da poop-rail wi' bress plates fornenst every een o' dem reeding: — "Set Topsails," "Furl Royals," "Brace Yards," an' sae on, wi' da number o' amfers dey needed fur every job. Dey wid be nae swinging da lead, naethin bit press a nob, an' dere apo da face o' a clock wid be da number o' faddams o' watter anunder her fore fit, an' dan fur steerin, dey wid hae een o' yon Skopik compasses it ye set da coorse an lave her, da skipper wirkin da ship himsell wi' maybe twa naygers ta keep da bress cleen, an' a cook ta mak da air o' maet. Dat wid be da wye it dey wir ony windjammers gyaan ta sea noo. Waal, says Gibbie, I dunno, of course the old salts accustomed to square rig look down on modern sailors. Heth, says I, dey trooly du dat. Man, dere wis auld Jarm Fraser, it wis dembled i' da face o' da ocean frae he wis aleevin year auld. I mind him comin ta wir hoose whin I wisna hicher as da gloy-stane i' da barn, an tellin wir fok it dey wir bune seeventy days frae Quebec itill a auld laeky brig, wirking da pumps nicht an' day fill dey wir juist maachless. Says he, Whin we got ta Liverpool, I juist gae up da sea intirely, an' joined a steemer. I guess, says Gibbie, that's putting it on thick. Weel, my Gibbie, hits no sae tik as da sken wid a bune apo dir luifs wi' pumpin, puuin, an' haulin tarry rops, an sae on, a thing it dey never du abuird a steemer. Noo, noo, says Kirsie, ye manna kangle aboot hit. I tocht Gibbie wis gyaan ta tell wis aboot da Ertquakes it he wis bune atill. Waal, mother, I have only been in one, and I guess that one was enough. We lay anchored about as far as Swarta Skerry from the shore of a little West Coast town. The sea was boiling, and we began to toss about. We saw the houses going down like cardboard, when a wave about 80 feet high caught us and swept us inland and left us in a garden with trees on every side, the decks cleaned flush of all movables. Four hencoops and hens we had aft we never saw again. Why it took us four months to get her repaired and back in the water again, but you should have seen the holy mess we had to clean up, everything aboard mixed up like a dog's breakfast. Oh, dear-a-dear, says Kirsie, an' wis sleepin ata wir beds an' no tinkin it doo wis gyaan trow aa yon; bit, boy, whaar tinks doo cood yon muckle sea a come frae? Wall, I guess, it's just this way — the earthquake, you know, makes a big crack in the sea bottom, the water pours down and it meets the fires at the centre of the earth, which turns it into steam, this blows back the water and makes the big wave. Bit, Gibbie, says I, what wye du's da watter no keep poorin doon ita dat hol fill dir nae sea left? Oh, waal, it doesn't anyhow. I speck the force of the explosion undercuts the sides of the crack so that it falls together forming a valve and preventing any more water getting down. Noo, noo, Olie, says I, what is hit ta hae laer? Doo an' I wid a never tocht aboot yon. Bit spaekin aboot ertquakes an hens, Gibbie never herd aboot da missanter it we hed. See doo, boy, whaar yon new lime is apo da waa, yons whaar wir quake cam, an I sall tell dee da wye o' hit.

If coorse, we hae nae richt ertquakes aboot Bylafield, bit whin da rodmen lowsed da muckle ertlump at da tap o' da hill, an' he cam boosin doon trow an' strak da back waa o' da hoose, heth he wis as faerce as ony quake, an' he trooly med spuulie i' da butt end, an' kjnockid doon everything it cam in coast o' him. I ashure dee hit wis a braw minkster it I leukid apon whin da stoor an' ess cleered awa, fur whaar da straik cam da waa wis bilged in laek da side o' a auld boat richt fornenst da mael kist, an' led him juist athin stap. Kirsie hed aboot a haf a lispund o' india mael i' da neuk o' him forby baermael an idder aetables, an doo'll no hinder da auld taypot wi' da sillock livers it shu hed fur creash ta be lyin boddam up i' da hert o' da India mael. I tink it every eetimtashon it wis apo da waa wis won ata da kist. Da twa hirnins it Kirsie hed a keepin apon wis faan tu, an' elted wi da lime an' whitenin aff o' da waa an' lyin among da baermael, heth I juist lutt dem lie, fur I never laekid dis yirned mylk. Doo kens da muckle jeely jug we hed fur da kail seed, dere he wis apo da tap lyin' tuum. I got aboot a gypon clean an' da rest guid among da mael, dey wir a bag wi' floor o' brinstane bursen, alang wi carvey seeds, hit wis aa clatched wi' what I tocht wis treckle, bit wisna hit a lung tonic it Kirsie wis bocht whin shu hed yon vild host aboot Beltane. Wi' yon didna shu com in hersell an' saa da kist. Shu juist lifted her haands, Oh my Fadder! sic a elt, what can we duu wi' yon? Says I, I'll tak hit i' da barn. So furt I gens stunkin wi da ormals o' da kist an I tuumed hit atill a sae, an' minksed hit up laek cement. Tinks I, we canna loss aa dis, I sall juist gie hit ta da hens, if coorse I never leeted ta Kirsie, fur shu wid a sed:— Na, na, hit wid pushon dem. So I smooted me oot an gae every een o' dem as muckle as dey wid tak, an dey glaeped every peel it I set doon ta dem, so I covered da rest wi' a bag an guid in.

Hit wis come awa i' da huumin whin Kirsie says, Lowrie, what sorro is rang wi' da hens? Dir makkin a odious soond. I ken no, says I, hits maybe a shange i' da wadder. Bit Kirsie wisna setesfeed, shu roared apo Janny, Lass geng dee wis furt an' see what ails dem. Athin a peerie start Janny comes back lachin wi' her aprin foo o' eggs. Says shu, Mam, every hen is laid, an' hits awfil queer at dis time o' nicht. Says I, hits maybe da 'clipse o' da mune, fur accordin ta Zadkal hit haes a braw affeck apo fok an' Guid kens what hit micht du ta hens. Bit i' da moarnin hit wis juist da sam, every hen wis laid agen, grate munsters o' eggs wi' twa rid baas, an' ken you dey keepit layin twise a day fill I hed nae mair o' yon minkster ta gee dem. Mr Jeemson wis giein wis trippence mair apo da dizzen. At lent hit cam ti da aers o' yon Agricultural man, an' he met me apo da rod an' whestoned me aa aboot da hens an' dir feed. I juist tald him da wye o' hit. Says he, This is extraordinary, can you remember all the different ingredients? I, I, no I, hit wid tak a Feeladelfia Laawir ta tell you dat. But, says he, there must have been some chemical combination of which we are unaware. Do you think the mixture fermented? Weel, I kenno, only hit wis blybin a lok, an' I tocht hit swalled a coarn whin I wis dune steerin atill it, bit dat micht a bune yon truss laek fine saat it Janey makes fizzy drinks oot o' wi' da haet wadder, dey wir a lok o' dat saan ower da tap. Possibly, possibly, but we must try and arrive at the source of this phenomenon. Did you notice anything particular about the shells of the eggs? Weel, noo it ye mention hit, I did tink it da skurms wis herder an' ticker is da ordinar'. Just so, the extra amount of lime and whitewash off the walls would account for that, and as you know, the yolk of an egg contains more sulphure, lime and fat, than any other kind of food. Yea, yea, I understaand dat, fur A'm noteeced a vild sulfery waff wi' dem whin dey lie ower lang. Extactly, when decomposing, the sulphure in the yolk combines with the hydrogen, forming sulphuretted hydrogen, which has a very offensive odour. Yea, sir, hit trooly haes dat, bit whin dir dat far geen, we juist caa dem rotten. Certainly, but with regard to the double yolk, I have no doubt that the addition of the flowers of sulphure, and did you say fish oil? Yea, yea, dey wir yon scaar o' creash it guid in tu. Just so, that probably explains the reason for the twin yolks. But it is the extreme fertility of the hens, laying twice a day that puzzles me, except it could have been the lung tonic which had that effect. Weel, sir, if it hed dat effect apo da hens, Guid kens what hit micht du ta fok, I tink it Kirsie soodna oese hit. Says he, Have you any of this food left that I could analyse? Na, na, da sorro peel, da hens got hit aa. And you don't think you could mix up a similar mash? Na, dat I coodna, aless anidder stane cam rowan doon, an' da Loard firbid, fur me bit o' hoose wid geng aboot da aert. Wi' yon he guid, so he's maybe hame wirkin oot wi' aljibra foo mony cube roots o' floor o' brimstane an' sillock oil hit taks ta mak a dooble rid baa, onywye A'm no seen him frae syne.

Hit wis weel up apo twal whin Gibbie guid aroond wi' da hidmast dram, he caaed hit wir "nichtkep." Willa says, Bairns hits time it we wir makkin fur hame, I wid a needed till a seen what wye Flecka wis. Dat's a fack, says Olie, so we sall geng as shune as I get me pipe lichted. He recks fur da tengs an' a kol, bit da legs o' da tengs wis kind o' shiggly, an' da kol jamp oot an' laanded apo Rover's fit, he raise wi' a yowl, an' da cat wis lyin nyrrin apo da hert stane shurely tocht it he wis makkin fur her, an' med wan boond apo da tap o' da kists, an' frae dere ti' da lip o' da kirn. He wis shurely bune staandin kind o' coggly, fur da first I saa wis him cantin, an' da lip o' him comin richt at da back o' Olie's neck. Dey wir a braw sap o' blaand itill him an' Olie got hit aa, aless what guid i' da emmers. Whin da steuch aised, here wis Olie, staandin gaspin laek a deein piltock. Osla gets oot, Oh, I am so sorry. Yea, says I, sae weel doo micht, doo hed nae kall ta set da kirn sae hich. Bit Olie, come dee wis ben an' get dry claes on (fur I tocht I saa da blaand buckin oot da piehols o' his buits). Na, na, says he, I'll no budder, I sall tird aff o' me eence fur aa whin I win hime, hits no sae far. Willa wis trang peckin oot da lumps o' kirn mylk oot o his back hair, ye ken hit wis brawly lang an' acktid laek a syer. Says shu, I'll hae me a trisht cleenin his new strood. If coorse I wis tellin dem hoo vexed I wis it wir nicht sood a ended laek yon, an' as Olie stuud i' da door wissin wis guid nicht, wi' a blaand smile apo his coontenance, he said, Never leet, Lowrie, hit'll mak me aye mind apo Osla's "At Hom".

Lowrie Posts A Parsell At Lerook

HIT wis juist apo da shap o' nine whin I left wir hoose, makkin fur da toon, an' hed doo seen me, Olie, gyaan doon da gaet, doo wid a touched dee kep ta me, fur I wis kerryin yon sware ledder bag it Gibbie left, I tink he caaed hit a tossy case, onywye, Janey widna hear aboot me takkin da carpet bag whin yon thing wis lyin i' da hoose. Man, I hed dat mony sent airrents ta mak it I needed sontin. Heth, I tink da neist time I sall never leet, hits shuurely bune Kirsie it luut oot it I wis gyaan ta Lerook.

Weel, whin I cam doon, I guid alang Merran as oeswal, an' hed a cup o' tay, I wisna lang klonkin hit doon, dan me neist laandfa wis da Post Office. Bit boy, yon is a office, a grate galdrey o' a place laek a kirk. Da door wis kind o' trachy, bit dey wir a bress kleek apon him it I got a guid yok o', an' he hed ta com, bit da venom cam back apo me, an' nearly kjnocked da bag oot o' me haand. Kens doo, da fluer wis aa rid, laek da manse hertstane, an' sheenin. Heth, I didna laek da stramp apon him, fur hit wis kind o' weety furt, an' me buits wisna ower cleen, bit dey wir a lok o' fok dere an' I juist guid in trow.

Da first thing it strak me, kens doo, wis a kind o' Roushian severity it wis aboot da place, an' dan not wan eetimtashion ta sell, an' hed dey keepit onything, da sorro skelf dey hed ta lay hit apon. Dey wir pikters apo da waa aboot Margarine, an' a Corbie settlin' apon a kar, a thing it Corbies never duus. Dan dey wir a lass wi' a grate black clatch apon her trot, I kenna what it wis, bit dey wirna a aetable athin da place. Man, dey didna even hae parafeen, fur merran wantid me ta tak up a bottle ta her, an' whin I axed yon fat shield, he taald me dey wir run oot, bit I wid get some at Porteous. I maun say, dey keepit da place very cleen, fur I noteeced it some een wis left tree kishie laek things apo da fluer, an' wirna dey hung dem up apo nails, laekly whin dey wir bune sweepin up da truss i' da moarnin.

I ken, fur wan thing, ye hae nae faer o' trippin ower a bowl o'

125

mael whin ye guid ta buy a stamp, an' whin ye wir lickin him dey wir nae taste o' auld otter skens or creashy o'o wi' him. Heth, A'm seen me haein ta spit twise ta get clear o' da flavour.

Bit I wis gyaan ta tell dee, whin I cam in first I guid ti' da inby end, an' kens doo I got a start, fur here wis a grate lang cage wi' netted ware. Heth, hit pat me in mind o' da Zoo yunder in Edinburgh, an' fur a momint no tinkin, I pat me haand ita me pooch for a stuur fur ta buy some nits, ye ken dey wir aye men dere plaigin you ta buy truss ta gee ti' da bruits i' da cages. Dan I noteeced hit wis ordinar men ahind da ware, an' dey wir a lok o' dem tuu, so I waled among dem fill I fan een it leukid ta hae mair uptak is da rest o' dem. He wis a brawly licht advised shield, warin dis willow pattern glesses wi' da tik legs, I tocht he wis gotten a fricht, fur his hair wis aa standin' ower end, mind you he spak English tuu, fur I waited fill he wis dune tellin a wuman it Southampton wisna i' da Isle o' Man. Says I till him, "Dir no muckle herrin da day," bit he never leeted, he maybe didna laek herrin. I tries him anidder teck, "Dat's bune a leep o' haet i' da moarnin." Kens doo, he still didna tak up atill it, an' keepit strikkin awa at papers wi' a thing laek a ellishon handle. So I lays me face brawly close ti' da ware, says I, "Ye're trang." He juist leukid up an' sed, "Well." I taald him I wis gyaan ta send a parsell ta Gibbie. Da wirds wisna weel oot o' me mooth afore he points wi' his toom ti' da door, sam as A'm seen me duuin wi' Rover at da sheep, an' gets oot "Next counter," bit I sae nae idder een ta gent till. Heth, yon een wis lang anyoch himsell. I cood gie my oath, he wis twise da lent o' wir yerd daek. I waanders doon alang him an' cam till a place athoot ware. Dey wir a boannie well setup man wi' a lachin face staandin leukin at me, I tocht be da size o' him it he wis shuurly puunished a lok o' mackreel in his time. Says I, "Guid day, sir, I wis tinkin ta send a parsell ta Gibbie, an' wid you tell me foo muckle I hae ta pey." "Richt," says he, "where is it?" I guid ta open da tossy case, an' ressled awa wi' hit, bit een ta sorro o' hit wid open. Janey wis lokkit hit afore I left. Dan he sed, "Let me see it," so I haanded hit till him. He grippid tree sniverries apo da tap, an' hit wis open apo da meenit. Says I, Guid bliss you, you're shuurly bune weel oesed wi' dis things? "Oh yes, I usually carry my money in one like that." Dat'll be true, says I, an' I haands him da parsell. Says he, "This seems to be over weight," an' he claps him apon a scale wi' a face laek a clock. I hedna me glesses wi' me, so I coaged close up ta see if da weight wis richt wi' wir bismar, hame.

Wi' yon didna he click da parsell aff, an' da vild handle cam wi a ressel da tidder wye, snuddin up me whiskers fill me nose wis lyin apo "11 pounds fur 1/3", an' I coodna win awa athoot lavin da hair aboot da handle. Yon sam shield helpit me ta unwoup, shuurly ta save da macheen. Dan he taks up da parsell an' scoits at da address. Says he, "This is a foreign parcel, you require to make a Customs declaration," so he gae ma a bit o' paper an' left me. While I wis waitin' fill he sood com aboot agen, I waandered ti' da tidder side whaar dey wir biggid a raa o' stalls, da sam as dey did dis new fangled byres, a bulkhead atween every coo, so as dey dunna bult een anidders.

Dey wir ee man bune staandin inta een o' dem fur a braw start leukin doon at his feet. I gengs up till him (ye ken, his back wis ta me) an' I gies him a pick apo maybe da third lithe o' his rig, he turns at wance. Says I, "Ir ye lost onything?" He juist glowered at me an' says, "Attend to your own business." Tinks I, doo sall leuk a start afore I offer ta fin onything ti' dee, an I gengs back ti' da coonter. Juist as I cam, I sees yon fat shield gyaan till a macheen gun wi' a bress barrel pointin' trow da waa, he pat in a catreech an' pueed da trikker. I clapped me haands ower me lugs fur da bong, bit hit shuurly widna geng aff fur he left it in disgust.

He axed me if I wis filt up yon paper. I, I, no I, I wis ye wid du it ta me. "Richt, first is the place of destination." Oh, says I, ye'll fin dat apo da parsell. I tink hits ANTIFAGASTA, at da back o' da Rocky Mountains somewye. Gibbie taald wis it his ship wid be dare be da time it yon cam trow. Dan he read da address.

    S. S. "Rumblossom,"
      Care/of Don Gracious Shippin Co.,
     Wan Guidfirsakenhol,
       ANTIFAGASTA.

Says he, "Are you sure about the name of the street, it seems to be a Spanish word." Weel, says I, yons what Gibbie caaed hit, so it maun be richt. "Now for the contents, what have you got in it?" Weel, maun ye ken dat? "Certainly, you must declare the contents." Weel, dan I sall tell you. Dir nine saat piltocks, Gibbie buist ta hae dem brawly herd dried, fur he laekit ta rive dem raa. "Yes, yes, bit is there anything else?" Yea, dir a reisted troot, see ye whaar yon kjnuckle is apo da parsell, yons whaar his tail comes till, reisted troot is dat fine efter a voyage, hit taks dat little ta seteshfee, Gibbie wis aye blyde o' troot. "Yes, yes, but is there anything else." Oh yea, doon i' da lowermast neuk dir a bit o' paet. He wantid a bit ta lay apo da fo-castle bogie ta pit a smell trow da place, he sed hit wid mind him o' hom. Puir bairn, he aye laekid his hom, A'm seen wis — "Yes, yes, but is there anything more?" Oh dat dey ir, fur Janey pat in a muckle invilop wi' Yule girse, seggy flooers, an' trowy cairds, pluckit frae whaar he oesed ta play him, an' I ken dat will plase him. "Stop. Is that all the contents?" Yea, I tink hit is, bit man, ye're in a hurry. He juist glowered at me an' keepit turning ower a muckle dickshonar. Wi' yon a lang man cam frae da ben end, he hed a kind o' sharp coontenance an' paircin een. As he guid bye, da coonter man says till him, "Under which section would you define this?" So he stopped an' scrimed doon at da parsell. Dan he gae a start as he fixed me wi' his aigle eye an' roared, "Where did you get that trout?" Da troot, says I. Oh, yon wis een I got aff at da eela. Da haethin neerly ruined wir nicht's wark, ye ken dey gluff da piltocks dat wye. Hit's naethin ta see hunders o' dem boolin trow da voe, dan we juist turn wis, fur we needna try fur a piltock dat nicht. Kens doo he wis kind o' flustered wye, an' gets oot, "Where, where is this place, and is it far from the shore?" Weel I sall juist tell you whaar diseen glypid da flee. We hed a noopie o' Grunastane huggin da slackie o' da wast hill, wi' Merran's Skjo ita Geordie's noost. Man I tocht he wis gyaan ta pit doon da meads apo da libel, bit na, be juist guid laek a shot, he laekly hed idder papers ta fill up. Dan da ben door opens an' anidder man comes trow, he wis what ye wid a caaed a auld young man, bit he leukid a rale laawir, tinks I, yons shuurly da maester himsell. He leuks at da parsell an' sade, "Well." I tink dey aa say "Well." Da coonter man taald him it he wis leukid up an cood fin nae description ta fit the parsell, aless he pat it under "Preserves," Section 5. Dan da jantleman reeds what wis apo da paper — PILTOCKS, TROUT, FLOWERS, PEAT. He gets oot — "Describe it as Conglomerate: Animal, Vegetable, and Mineral matter according to Sub-section 9, Rule 4, Page 8, Column 3." Man he hed dat apon his tong da sam as da Moeder Categis, dan he leukid at me an' says, "At what value do you appraise the contents of this parcel?" Weel, sir, dir nae valoo ta prase, fur da troot an' piltocks wis naething, da paet wis naethin, an' da flooers wis less. "Oh, but you must put a value on it, what about 2/-." A' richt, says I. "Now the postage and duty will be 8/7½." I juist gae a sich. Says I, will da steemer hae naethin bit dis ta kerry it ye're makkin hit sae dear. "It's not that, my dear sir, nor is it the quanity contained in the parcel, it is the duty and

and charges at the other end.'' If dat be sae, I sall tak him back an' get Kirsie ta pack him ower agen. Shu'll pram in aetmael skonns, twa puddins, a junk o' herd skate, an idder luxsirees fur da sam mony. So I stowed da parsell back ita da tossy case, an' stappid me rid naepkin i' da sheeks o' him ta stop da venom ta lock apo me agen. I saw yon fat shield lachin, bit I juist stak da tossy case anunder me oxter, wissed dem guid day, an' left.

"Ye're trang."

Lowrie An' His Grice Stye

WIRNA dey a bit o' wir Nort hill daek run, an' da wye it hit wis bune a merciful linn up, I took da shance ta big up da slap. Ye ken I wis hed hit stengled wi' da gavel o' da auld iron bed, frae Lammas, an' hit wis nae oese, aye faain doon. So I wis wirkin awa, alto I hed naethin richt ta pit atill him. I wis med him brawly wide at da boddam, an' wis com weel up trow, whin Olie drappit alang. Says he, what's dis it doo's at noo, Lowrie?

Weel, man, sees doo not it A'm biggin a daek.

A daek, caa's doo hit. Weel, ta tell dee da truuth, I wid juist caa hit a tuutramuuny o' deevelry, fur doo doesna hae a richt stane atill him.

I ken dat, says I, bit ye hae ta mak da best o' what ye duu hae whin he hae nae better. I'll shune hae ta be wharryin an' bittin nearer da hoose, fur I maun get a grice stye be hook or crook. Doo minds twa year frae syne, I med my auld stye intill a Silo, an' A'm no hed a grice frae dan. Bit I sall tell dee da wye it A'm bune led intill it. Wir auld freends at Wast Sannick hed a soo, an' whin shuu ferried, dey wir a pritty peerie flekkit een among dem, an' wirna dey inkid yon ting ta wir Janey, doo kens shuu wis caaed efter een o' da auld maiden aunts. So whin dey sent hit till her da sorra wye I hed ta pit hit, an' hit wis lyin athin a kishie at da butt fire, whin doo'll no hinder Mr Jeemson ta step alang, wantin' me i' da moarnin ta come an shew a canvas tap ta his van. Doo may depend his een wisna lang lichtin apo da bit o' grice, fur he wis shivved his trunnie oot ower da lip o' da kishie. Says he, "What wye is dis, Lowrie, it doo's brakkin da Laa. Heth, if da Inspector sees a grice at da sheek o' da shimbly, doo'll get dy kail trow da reek."

Weel, Mr Jeemson, hit's no gyaan ta be daat lang it he'll be yonder. A'm gyaan ta knock up a peerie widden stye till him at da gavel o' da byre, I hae twartree clifts an' idder bits it 'ill mak posts, efter o' what I fan at da Aest Banks, an' hit can duu ower weel. "Na," says he, "doo'll mak a big mistak, fur dey'll no aloo dee ta pit up a widden een, is doo no seen da Bye-Laws aboot Grice Styes?" No I, trath, an' A'm no wantin ony o' dir Grice Laas edder. "Aa da sam, Lowrie, I can asshure dee it doo'll hae to get a copy o' dem afore doo duu's onything. I tink dey keep dem at da Coonty Beeldins," an' wi' yon he guid. Tinks I, I sall get ta da grunds o' dis whin I geng ta Lerook a Setterday.

So whin I wan ti' da toon, I med fur da Coonty Beeldins. I knockid at da first door an' a brawly weel set up man opens at wance. He sed, "Well." I juist sed, Guid day, sir, dat's bune a moarnin o' weet, an' makkin up i' da Wast fur mair. Is dis whaar ye get yon papers aboot grice styes. "Oh, no, I am sorry, but that office is further in on the left." I tocht be da leuks o' him it he wis da Governor o' da place, bit ken you he wis very ceevel an' cam oot, pointed ta da door an' bade me walk in an ax fur a form. Tank ta you, sir, I sall duu sae.

Whin I cam in, dey wir anidder man dere, an heth dey wir naethin mair as room fur da twa o' wis. He wis shuurly gyaan ta big a stye tuu fur he wis gotten a neve-foo o' papers. While he wis packin da papers awa I leuks at da man at da dask. Tinks I, A'm seen dat face afore, bit whaar, I kenno. Dan hit bure afore me it hit buist a bune his poatrich it I wis seen i da *Times* aboot Uphelly A' a twal mont ago. Hoosumever he turns ta me. "Do you want a form?" Ya, says I, dat wis what I wis com fur. "Righto. Perhaps I will better fill it up for you." Weel, says I, duus hit hae ta be filt up? "Oh, certainly. First of all, what's the type of body." Weel, says I, hit's juist da oeswal boady, naethin by da ordinar. "Then we will say Tourer." Oh, dat ye can fur he toors awa winderfill fur his age. "Now, what colour?" Juist flekkid, black an' white. I saa him kind a laachin, bit he pat doon sontin. "What weight?" Weel ken you as A'm never geen ta wye him yit. "Never mind, we will get the weight afterwards, of course it will be under twelve cwt." Twall hunderweight! I trooly wis it he wis twall hunderweight. "Now, what year?" Duu you mean da age o' him? "Yes." Oh, juist twa mont. "Righto, that will be 1932. What horse-power?" Guid gaaird me, da horse-pooer o' a grice! "Of a what?" I says, Wha ever herd o' horse-power in a grice. "My good man, I think there is a misunderstanding here. Did you not want a licence for a car?" No I, trath. A'm wantin aa da destructions an' Laas aboot grice styes, an' dey taald me it I cood get dem here. "That may be so, but this is a matter for the County Clerk". So he guid ben and fetched anidder jantleman, a braw moarderate boddy tuu. Says he, "I understand a mistake has been made, and what you require is a copy of the Bye-Laws relating to Pig Styes." Ya, dat wis what I wis come fur, bit A'm hed me a braw trisht afore A'm gotten ta you. Yon tidder man whestioned me laek a laawir, aboot da colour an' da horse-pooer o' me grice. "No doubt he would, but I will give you a copy." So he hunched trow da skelfs an' cam wi' a grate wob o' paper, an' pat hit atill a invilop wi' His Majesty's Service apon hit. Guid's mercy, tinks I, is da King buddering aboot grice styes. If coorse he wid need his ham an' eggs fur brakwist tuu, an' maybe a collop aboot twal. Hoosumever he gies me da invilop an' says, "You take this home and peruse it, also note that it is divided into twelve sections or clauses, each of which must be rigidly adhered to. The last clause give the penalty for first offence as Five Pounds or a continued offence at two points per day." Says I, lat me win furt afore ye com wi' ony mair fines. Whin A'm scrimed hit ower, an' if I dunna understaand hit aa, I lippen it ye'll be able ta tell me da richts o' hit, dis wye it ye're here speshully ta leuik efter dis styes an' da swines' helt. "Oh well, we do other work besides that, but if you have any difficulty, you can write to any of the two gentlemen whose names you will find at the end of the Bye Laws, who will only be too glad to help you with any hygienic or sanitary problem." So I bade him guid day an' left fur hame.

Bit Olie, doo's no gyaan ony partiklar wye eenoo? "No I." Weel dan bide dee fill I big aff dis peerie bit an' dan we'll geng ta da hoose. I wid laek dee ta see yon paper. "A' richt," says Olie "I'll bide." So whin I feenished an' we wan ta da hoose Kirsie fetched da paper oot o' da lokker o' da kist. Hit wis med oot bi' da Coonty Coonsil, an sined be tree men, R. D. Ganson, Lewis J. Garriock, an' John Maxwell. Says Olie, "I kenno wha yon Maxwell is, bit A'm awhant wi' da first twa jantelmen, an' dir men it sood ken aa aboot grice styes." Nae doot, says I, or dan dey wid a never set dir names till hit.

"Noo, Lowrie, if doo haes ta big a stye accordin' ti' da twal laas its yonder, come and spred oot da paper an' see hoo mony o' yon laas doo cood duu athoot."

Noo dere's Laa 6. — No PIGSTYE SHALL BE ERECTED AT A LESS DISTANCE THAN THIRTY YARDS FROM ANY HOUSE, OR STREET, OR PLACE FREQUENTED BY THE PUBLIC.

"Thirty yeards," says Olie, "Man dat wid be awa oot apo da Retwalls. Heth he wid be him a job wi a moorcavie or a doonlay o' weet sna ta trail a kettle o' brucks ti' da grice thirty yeards, maybe wi' sea-buits on, whin doo cood a geen ta da gavel o' da byre i' dee pantans. I tink Olie, it I sall tell da Inspector it dir nae public galivantin aboot wir doors, so it ten yeards wid be plenty. What tinks doo? "Ya dat doo can owerweel."

Dan No.1 Laa says — THE WALLS OF EVERY PIGSTYE SHALL BE CONSTRUCTED OF STONE, BRICK OR OTHER DURABLE MATERIAL: AND THE INTERNAL SURFACE OF THE WALLS SHALL BE SMOOTH AND IMPERVIOUS TO MOISTURE.

If coorse I ken I'll hae ta big him oot o' stane, bit what A'm tinkin aboot is da eternal surface bein' smooth. Man what a lok of fuleshness. Doo kens as weel as me it a grice laeks da inside o' his stye brawly coorse, so as he can tak oot ony coarn o' yuk oot o' his hide apo da nibbies o' da stanes stikkin oot trow. Heth if yon men it med da Laas only saa da leuk o' devotion apo da face o' a grice whin he's clawin' himsell, dey wid tink twise aboot makking hit smooth.

Dan sees doo number 9 Laa. — EVERY PIGSTYE SHALL BE CLEANED OUT, AND THE FEEDING TROUGH WASHED AT LEAST ONCE EVERY DAY.

Noo, Olie, ever herd doo da laek. Man ye wid need ta hae what ye wid caa a grice valet ta attend apon him. Dere i' wir auld stye I hed a knockin stane fur a trough, an' he never needed cleenin, fur da grice likkit him as cleen as a preen.

Here is what dey say aboot Laa Number 11. — THE INSIDE OF THE WALLS AND ROOF OF EVERY PIGSTYE SHALL BE LIME-WASHED AT LEAST TWICE IN EACH YEAR IN THE MONTHS OF APRIL AND OCTOBER, AND OTHER TIMES AS THE LOCAL AUTHORITY MAY DIRECT.

"Noo, dat in trath. I wid laek ta see dee wi' a pail an' swab white-washin da inside o' da stye, an', mind doo, da ruif tu. Na, if dey hed a sed limewash da grice, hit wid a bune mair shootable, fur A'm seen twartree it wud a bune da better o' bein' limewashed. Heth, hit micht a med dem aisier ta plot tuu."

"Bit Lowrie, trow aa yon Bye-Laas, dir firyat ta say what da grice is ta lie apon, so I tink doo sood write ta edder Mr Ganson or Mr Garriock, an' ax dem if dey wid alloo dee ta pit in a spring matrass an' ta line da inside o' da grice ben end wi' tree ply wid an' ta paper hit. Dan doo cood stick up some o' Lipton's pikters o' Superfine hams, an' Woupid Purk, as a kind o' encouragement ti' da grice ta duu his best. If coorse hits only a tocht o' mine. Bit wha kens, dey micht be ower blyde ta pit dat i' dir neist set o' Bye-Laas."

Na, Na, Olie. Noo it A'm gotten ower aa dir Bye-Laas A'm juist gyaan ta lay dem by, an' edder sell or aet da grice.

Lowrie In Dry-Dock

TISEDAY nicht, Olie taald me he wis comin' waanderin hame trow frae da hill, efter leukin da hale efternune fir a haethin o' a gimmer it wis aye lavin da rest, an', as da sun wis harly taen da slack o' da Hjoog, he tocht he wid hae time ta step alang wir'oose an see whit wis da maeter wi' me it I wisna been seen fir a hale ook. So, whin he cam ta da hoose Kirsie, shuu wis furt, bade him geng in trow an' spaek.

He cam in, bit it happened ta be wir reeky ert, so he didna noteece me fill I spak. Dan, here wis I, cruulled up i' da restin share laek a deein selkie. Says he, "Lowrie, Loard be aboot dee, what ails dee? Doo leuks as if doo'd been puued oot o' a drain!"

Weel, my Olie, hit's little winder fir A'm juist a total wyrack. Sees doo dis platch apo me sheek? Yon's whaar it strak me a Monandy efter dayset, wi' a haet an' a swallin'. Whin Kirsie saa yon, shuu juist sed "If I mistak no, yon's da rose it doo's gotten," an' shuu lade on a possick o' brunt floor it nealry kolcoomed me. Bit, heth, it med me flit, so I wis no sae ill i' da moarnin. Kens doo whatever it wis, I wisna still clear o' hit, fir it begood agen wi' a nyaagin in me shackle banes, an' a provoction ta raech. Whin I taald Kirsie shuu juist profaned, an' says, "My Lowrie, doo's in fir da gulsa, an' doo'll hae ta swally a livin sklater." Na, says I, dat A'll no duu. "Bit, boy, I sall mak it aesy ta dee. A'll clert him wi' butter, an' dat's shuure ta keep his legs faulded fill he wins doon." Noo, Kirsie, if doo coms wi' him I'se fauld his legs wi' da heel o' me clog. "Dan doo'll hae ta tak da bruu o' gulsa girse." Weel, says I, dat I micht, an' oot shuu gengs bluid spring fir da gulsa girse, an' cam back wi' a tiv o' hit in a nyaepkin, an' afore da oor wis oot I hed a cup o' tay med aff o' hit; bit, my Olie, fir siccan tay, da vild waageng is no oot o' me mooth yit! Onywye, I dwaamed aff an' waakened a braw coarn better, so dat I wis furt a Setterday, bit doo'll no hinder me, as I guid aroond da nuik o' da barn, ta skegel me fit apon a stane, an', me bein' wake, I nearly fell asoond. Kirsie hed ta help me in, skowldin aa da time, aboot me gyaan furt. I hirples ta da restin-share, an' Kirsie tirds aff me sock, an', kens doo, toe hit wis only a peerie start, wisna me kuit swalled frae da ankler ta da bran. I tink I never felt Kirsie's haands herder as whin shu wis rowin it up wi da bear's grease an' black 'oo'. Whin shuu saa me screwin up me face, shu sed, "If it doesna aise afore da moarn, I'se git auld Nannie o' da Toogs ta mak a wristin treed."

Says I, "Na, een ta Saatin o' her 'ill wirk her black ert apo me, an' besides, doo micht as weel pit on a simmint. A'm no firyat aboot twal year frae syne. I hed a vild host wi' a cruttlin i' me breest fir tree weeks; dey toucht I wis gyaan in a decline. So, shu cam ta cast me hert. I mind it da sam as da streen — me apo da creepie wi' da basin o' watter apo me hed, an' her wi' da iron spune o' head lead. Didna shu skeggle da spune, an' a drap cam apo me lug. I juist jamp wi' a yall an' laanded basin, water, spune an' aa athin her coontenance. Shuu guid back ower apo da haet braand iron. Kirsie wis been bakin, an' da ess wisna been taen up, so I ashure dee dey wir nae want o' steuch i' da hoose dat nicht. I luit Kirsie cuillie aboot her, fir, atween me shooers o' hostin, I hed ta beek me lug wi' a scaar o' sweet oil ta tak oot da sweein, an', as shu guid furt laek a drooked craw, I sed twartree sma things oot o' Deuteronomy anunder me breath, an' shuu's no darkened da door frae syne.

So, Lowrie, as it's gettin late, A'll hae ta be gyaan.

Weel, weel, my boy, I canna ax dee ta bide, bit, afore doo gengs, can doo tell me onything aboot dis new trouble it da fok is gettin. Pendlumcitis, I tink dey caa it? Kens doo if hit smits, an' what wye dey tak it? Dir a pooer o' fok hed ta geng ta Lerrick wi' hit, an', heth, I toucht hit wis maybe hit I hed.

Na, man, hit begins wi' an' agony i' da inside, an' dan dir naethin fir it bit Lerrick, whaar dir a nobel sheeld it guts a body up laek a saaid, mends da bits its wrang, an' shews dem up agen. It's aa dune in a meenit or twa, an dey're aye better efter.

My Olie, dat may be, bit A'm tankfil o' a hale sken.

So, boy, I hoop doo lies na langer yunder, an' I'll luik in alang agen.

Doe sae. A'm ower blyde o' onyene luiking in apo me lying here a caald cripple.

Mooratoogs

MINDS doo, Olie, me tellin dee aboot Tamar o' Fladda's boy, da taecher shield, da hidmast time he wis hame fur holydays frae da College. Doo kens I hed him wi' me at da eela, an' twise it I wis strikin teck, an' loks o' idder wyes, bit da sheeks o' dat never lay, fur whin I wis spaekin aboot any oesefill thing laek winnowin coarn or grindin burstan, widna he come in aboot wi' his syance, an da idder bruck it dey get stappid athin dem at dis Colleges, dan dis wis him tellin me da richt wye ta duu things, yea, things it I wis bune duuin frae lang afore he saa daylicht. I wis gyaan ta tell dee it he wis hame agen, an' bune wi' me up at da hill rivin flaas ta tek aboot da hame stack. He hed on buggy breeks wi' lang socks marlit laek a mackerel's back. I tald him ta poo on a pair o' auld sukalegs oot ower dem, juist ta save dem bein' scritted wi' da heddercows. Bit not wan o' him wid ance me, bit he wanted ta go at wance ta da hill. Na, na, says I, A'm waitin' fill hits flowin' watter. What reason, Laurence, have you for that? Oh, weel, says I, da flaas rive aisier. Oh, yes, Laurence, I believe you are right, because the moon's attraction pulls up the water, forming the tides, and the moon exerts the same influence on the Earth, consequently, you have the pull of the moon helping you. Heth, maybe, says I, bit A'm no rivven da first flaa wi' munelicht yet. Oh, but that does not matter. The moon's influence is there all the time. Do you know, Laurence, that a mass like Ronas Hill may be pulled several feet higher during flowing water, while other hills out of the influence may be sinking back again. Weel, boy, says I, A'm never seen da hills playin' hedder-can-donk laek dat, an' A'm no budderin me hed aboot dem. Du kens, he wis lyin doon apo da hedder geein me yon lekter. I rexed me up ower ta aise me back, an' wis leukin at yon marlit socks o' his. Says I, boy, what's yon oagin ower dee socks? He jamp up an dey wir shuurely a dizzen o' guid helty mooratoogs juist below da kjnee. Dey'll be a nest yonder, says I. Poo doo awa yon toog. Ya, what sed I, dere wis wan livin screed o' mooratoogs. Now, Laurence, that is an interesting sight, a nest of ants, the most intelligent insects in the world. Heth, I ken no, says I, dir haethins ta bite. Hed doo a seen Sholma's yudder efter shu wis bune lyin apon a nest o' dem, yea, covered wi blisters laek sark buttons, doo widna sed muckle aboot dir intelligence. But, Laurence, that was only self-preservation, for, had a huge monster been lying on the top of your house, would you not have done your best to drive him off, and prevent him from crushing you and your family? Oh, weel, I micht a geen him a proag trow da lum wi' da pock haandle. Exactly, you would be exercising the primary impulse of every living creature, self-preservation, just the same as the ants. Now, would you believe me, Laurence, if I tell you that the ants keep milking cows? No. I, trath. Well, they do. Insects called Aphides, which they keep in enclosures, milking them at regular intervals by stroking them with their feelers. The ants are very fond of the sweet fluid given by these Aphides, and take great care of their herd. So come wi' nae mair o' dee ruud. Wha ever herd da laek, mooratoogs haein mylkin kye? Doo's maybe seen dem maetin dir baess or mucking dir byre? No, I cannot say that I have, but Profesor Slater spent six months in establishing the fact by close observaiton. Weel, all it I can say is, at he's trooly hed little ta du. He also found that the ants carried down and fed the Aphides with the exact kind of leaves they lived on, and that each colony had one or more doctors, who, in the case of a broken leg, could set it as well as a surgeon. Yea, heth, I winder what he oesed for spjolks? I see you don't believe me, Laurence, but I can assure you it is true. Then again, Laurence, the strength of an ant is enormous. I am sure you must have seen them carrying burdens many times their own weight. In fact if you had the strengh of an ant in proportion to your size, you would be able to lift your house in your teeth, beside a stack of peats in each hand. I juist gae him a leuk, yon kind, ye ken, it sooda skurkened him up, an' says I, Is doo dune yet? Oh, no, Laurence, I could talk to you for another hour about the sagacity and intelligence of these wonderful insects, the ants, or mooratoogs, as you call them. Weel, says I, doo needna budder, bit if dey hae aa yon strent, gadder doo a gyhopin or twa, an set dem on ta bring hame da winter paets.

Lowrie An' Da Wadder Forecast

IF dir wan thing at Olie an' me ever tuullies aboot, hit's da wadder. He haes sic a consaet o' himsel it he tinks it he's aye richt; an' ta tell him it a norwast an' soothaest wadder head is fir mair weet joost pits up his birse at wance. Bit ta shaw him it I kent a hantle aboot da wadder tu, I med up a aalmanak mesell, an' ee day it he wis alang fir a pit prop at I fan ta mak a strainer, I brook up aboot da wadder.

Says I, Olie, tinks doo is yon wadder factory at dey pat up apo Soond Brae at Lerrick med ony odds ta wis i' da kjuntry?

Ya, Lowrie, I tink hit's med a coarn; dis hidmast twa simmers is been winderfill.

Weel, says I, doo may say what doo laeks, bit I dunna tink we hae dem ta tank fir it, an' besides, dey never tell you what ta lippen fur da neist saeson. Come dee wis in, an' I'll shaw dee my aalmanak.

Dy aalmanak?

Yea, I hae een i' da ben press. Dis is hit.

JANAWIRY, 1927, begins wi' a gowsel o' norderly wind an'sna, if da wind gengs nort. Dis lests tae da 4th day if hit's no done afore. Frae da 5th ta da 12th if da wind gengs widdergaets, dey'll be green wadder an' blash. Aboot da 15th if hits frost, da aert 'ill harden up a bit. Frae da 16th ta da 20th dir a starn brawly kloss ta da mune, so dir shure ta be a uplowsin. Frae da 21st ta da end o' da mont, if hit doesna come onything else hit'll be shug an' leeped hail time aboot, if da wind by onywye up is da norwast. Hoowever, if dir ony syne o' hit aesin aboot da 25th ta 27th, dey'll be a rid licht shawn frae da tooer o' da Lerook Toon Hall.

FEBERWIR. — Frae da 1st tae da 14th, if dir rain, hit'll be weet fir twartree days. On da 20th dir twa sun gaas, an dat's afore a tow, if dir sna. If dir nae sna, hit'll be a bitterness frae da noraest, if da wind shifts up dat wye. Frae da 24th ta da end o' da mont, if da wind gengs sudderly dill be a dry bluster frae da sooth, wi' a braw coarn o' sook, dry anyoch ta tar onything its needin it.

MAERCH — Opens wi' a leep o' haet frae da 1st ta da 3rd, if da sun gets a shance. Frae da 4th ta da 7th if dir nae wind hit'll be a black calm.

Bit Lowrie, stop doo an' tell me what ill-helt wye fan doo aa dis oot.

My Olie, dat's joost da point. Hit's aa dune wi' syance. Isna doo herd aboot da wadder shangin in cycles?

Ya, dat am I, bit trath, some o' hit is shurely been shanging wi' motor cycles, hit's been alterin' dat fast.

Maybe, bit set dee in ta da table, an' I'se shaw dee da wirkin o' it. Truly, hit taks a guid head ta conjeel it aa tagidder. A'm oesed twa laves o' Janey's exercise afore I got it richt.

First, I sets doon da year it we're in, dat is, 1926, dan becaas da hidmast twa years wir guid, I pits da figger 2 below da six. Dan da twa year afore dat wisna sae ill, an' I pits da figger 2 anunder da 2. Dan da year afore dat wis a year o' trash, doon gengs da figger 1 anunder da 9, so I adds on da twa guid years, an subtracts da ill een, getting 1848, sontin laek dis —

$$\begin{array}{r} 1926 \\ \underline{122} \\ 1848 \end{array}$$

Noo, I hae sontin ta geng on. I hunches i' da neuk o' Da's kist fir his auld Zadkiel's, at he keepit laek da aeple o' his e'e, an' left ta me. I fins da een fir 1848, dan da rest is aesy. Says I, Olie, da cycle is cum aroond dis year, an' doo can wirk oot da sum desell if doo tinks A'm wrang. Ken you, he wis dat affronted it I wis gotten ahead o' him wi' da wadder, at he clicked his kep, shoodered da prop, an' oot da yerd grind athoot spaekin. I yalls efter him, Boy, if doo wants ta ken da wadder ony speshul day trow da year, doo can come alang an' get it frae *Lowrie.*

Lowrie At The Power House

EFTER I cam back frae Lerook, Olie strampid alang da door. Says he, Whaar's doo been, Lowrie? I saa dee comin oot o' da kar. Weel, boy, A'm bune fur een o' me jaunts. Dip dee a moment fill I tell dee.

Saa doo a jantleman doon i' da muudoo a Tiesday wi' me leukin at wir mylkin coo? Dat did I. Weel, yon wis een o' da heds o' da toon. He wis wantin ta buy her, bit I coodna slip her. Doo kens, shu's da only een mylkin eenoo. What sorro wis he wantin o' a coo? Weel, I ken no. I hear he buys sometimes. Doo made nae bargin wi' him? Na, na, bit hit led ta idder things, fur he sade if I wis i' da toon onytime, ta com alang his shop, an he wid shaw me aroond da Treecity Warks, yon new lichts it dir gotten i' da toon. I tankid him, an' sed I wis by blyde. Doo kens, A'm no been doon fur a braw while, so I guid yesterday, an, afore I wan ta his place I saa naethng bit Posts! Posts!! Posts!!! an' dey wirna aa alaek edder, some o' dem wis laek Christmas trees frae haf wye up ta da tap, strung wi' boxes an' presents o' aa kinds tied on wi tows. I stuud na lang fur I tocht I wid maybe get da (as Magnie caaed it) speckalashon o' hit aa afore I wis dune wi' yon jantleman. Hoosumever, I wan till his shop, an' whin he saa me i' da door, he raise an' shook haands. Heth, he minded weel, fur he says, You haven't changed your mind regarding the cow? Na, says I, I cood hardly duu dat. Well, then, if you are free, I will be pleased to implement my promise to take you to the Power-House. Na, na, sir, A'm no juist come ta dat yet. Dir nane o' wir eens ever bune dere, an', I hoop, never will. Says he, I am afraid you have taken me up wrong. It's where they may the electricity, you know. Oh, dan, dan, dat's what I wid laek ta see. I ax pardun, I tocht you sed da puirhoose. No, no, come this way. So we wan tid da place in nae time. Juist athin da door, dey wir anidder jantleman wi' a saft hat, an' I got ta ken it he wis een o' da heds o da toon tuu. So here wis I, gyaan sheek fur schow wi' da derektirs o' da place. I felt kind o' prood, an' keepid me hed back ower, stikkin oot me stammick a scaar, fur hit wisna every day it I wis in company laek yon. Kens doo, dey wir baith odious guid ta me, an' wantid ta shaw me everything aboot da place. If coorse, dey kent it I widna be biggin a place laek yon at Bylafield ta tak onything oot o' dir haands.

Dey wir een o' dem a coarn langer is da tidder een, so I sall juist caa dem da lang een an' da short een. Da short een says (efter he wis tald da lang een wha I wis), Seeing that you have been acquainted with the scheme since its inception, perhaps you will be better able to explain to this gentleman the working of the various units. Certainly, says he, Come this way. You see these two large engines in the centre. These furnish sufficient current for present needs, but we have left room for another four as the demand increases. Says I, dir only een o' dem muuvin. Is da tidder een brokken. Oh, no, there is always one in reserve. Dat sam, yons what I tell Kirsie aboot da taypots. Dir aye brakin dem, an' hits best ta hae een in reserve. Bit, hit'll trooly tak a braw sweat ta get yon haethin started. Oh, you know no man could start that engine by hand. Weel, duu you hae a kick starter apon her, laek what da boys hae apo da cycles? Oh, no, it is compressed air we use for starting. Do you see that machine in the corner? Yea, says I, I see a peerie ill-triven laek engine wi' a muckle owergrown Dutch crook alangside o' hit. Well, that's the compressor, delivering air at 300 lbs. pressure to the main engines. Bit, what caas yon roond? An electric motor. Everything here, you know, is wrought by electricity. But, we will now look at the generator that makes the current. So I waakid doon da hoose wi' een apo every side o' me. I noteeced da short een tryin ta woup up a treed apon a pirm, bit hit wis aye slippin oot o' his haand. Says, I, A'll maybe better help you ta unraffle yon thing. Oh, no, this is only a diversion. It's the Yo Yo. Ya, ya, says I, I see yon, bit ye're haein sic a trisht wi' hit, bit he juist slippid hit atill his pooch, fur we wir won ti' da muckle engine. Says I, ta da lang een, A'm herd at in America dey hae lectric shares. Hae ye ony o' dem here? Says he, Oh no, and we don't want them. They are exceedingly unsafe, and our motto here is Safety First. Juist wi' yon, I got a odious dunt apo da place I oesewally sit apon, an' what wis hit bit a grate haethin o' a iron block hingin apon a shane, an' whin I leukid up, heth, da haf o' da ruif wis muuvin. I pluckid apo dem fur ta come oot anunder hit, bit dey wir baith lachin, alto hit trooly wis nae lachin maeter, fur hed hit no bune a iron railin, heth, I wid a geen hed-stoop apon a whirligig it wiz bizzin juist afore me. Says I, ye shurely keep your safety i' da tidder end fur hits no here. Da short een guid up till a young shielder it wis puuin apon a tow frae da ruif. Says he, You must be more careful when visitors are about. Man, he slippid da tow at wance, an' guid huncing among a lok o' tins apo da fluur, edder biskit boxes, or dan sheep dip. Says da lang een, I must apologise for the carelessness of the attendant while moving the crane. This is a travelling overhead crane, capable of lifting seventy tons, and can be brought to any place in the Works. Seventy tons, says I, an' I rubbid da place whaar da block strak me. Now, we will show you the Control Board, an' we cam till a place laek da side o' a hoose staandin oot frae da waa, aa kled wi' black an' white haandles an' boxes an' Guid kens what. Heth, hit pat me o' mind o' Joannie o' Gord's ben end, fur aa abune his brace wis covered wi' peerie black elefants an' haethin idols an' bone flooers it da boys wis taen hame frae forin paerts. Says I, ye'll no be ill aff fur kennin da time here, fur ye hae a pooer o' klocks. Oh, but these are meters for volts and amps, telling us the quantity and pressure of the electricity. Do you know, that by touching one of these switches, you could put the whole town in darkness. Oh, I hae nae doot, bit ye'll no fin me grippin dem. Wi' yon, da lang een gae een o' da haandles a poo, an da hoose wis lichted up at wance. Man, what pritty lamps. Yes, says he, these are all PEARLS, and insure a good light at a moderate cost. Juist so, says I, I wiss I hed een o' dem hame. Bit whaar did you say it you med dis treecity? Oh, I forgot to show you the generator. So, we gengs back ti' da muckle engine, an' he points till a thing laek a haf-barrel an' sontin spinning roond inside. Says he, This machine develops 200 Amperes at 500 Volts. Weel, says I, is hit makkin ony eenoo fur I see naething comin frae hit. Certainly. It is running at full capaciity, but you cannot see it. Electricity is invisible. We are storing it up just now in the Battery Room, which we will show you directly. So, so, I'll shuurely be able ta see hit dere. Bit wi' aa dis, ye're no told me what ye mak hit oot o'. I saa da taen leukin i' da face o' da tidder, dan da short een says, Well, er, you know, it's made out of nothing. Made oot o' naethin? says I. I tocht hit wis only a hicher pooer it cood duu dat — mak sontin oot o' naethin. Duu you no steer up a minkster ta mak hit? Oh, no, it just makes itself. Dan hit'll be shaper is parafeen. Wi' yon, a shield gengs by wi' his sark sleeves, he wis shurely een o' da lectric stewards, an da lang een says till him, You might describe to this gentleman what electricity is, and how it is made. He leuks up an doon ower me, maybe tinkin I wis come efter his job, bit he shuurely fan edderwise, fur he says, My dear sir, electricity is an invisible agent, producing light, heat, and other physical phenomena, but it cannot be weighed. Heth, says I, dat's sontin laek da Nort wind. Hit wid a taen sontin till a wyed da hidmast gousel we hed frae dat ert. Yes, but it can be stored, and I will show you where we are storing it just now. Come this way. So we guid in da ben door, an' doon twartree steps, an' here wis hunders o' gless boxes foo o' watter wi' sclates staandin ata dem. Says he, These are the storage batteries, and there is sufficent in them to serve the town for a week. Bit I cood hardly hear him fur me hostin. Oot an in atween da shooers I hears him sayin, They are gassing freely. Says I, what may gas dem, lat me win furt oot o' dis afore I loss me end. I micht as weel hed me nose in ower Kirsie's smokkin barrel, an' I maks fur da ooter door. I never saw da twa jantlemen agen, da steuch wis shuurly scomfeeshed dem tu, an' as I wis gettin a coarn o' fresh air in Market Street, tinks I, dis treecity is maybe haandy, bit whin dey bottle hit up ita yon jars, dir a braw niff wi' hit, so I tink I'll never budder gettin hit at Bylafield.

He wis wantin ta buy her.

Lowrie At Da Pikters

HIT wis id heild o da day a Tiesday, I meets Olie up at da lamhoose. Says I, "Boy is ony o dy bairns luupid mad aboot dis spaekin pikters it dey hae in Lerook? Fur Kirsie wis saein' it peerie Janny cam axin' fur money ta win tid dem becaas dey wir a lok o dem gettin' a run doon wi' a kar neist ook, so I tocht som o dy eens wid a bune gyaan tu."

"Na am never hard a wheesht, doo's no lattin' her geng is doo?''

"No I trath, bit Kirsie told her it shu an' I wid be in Lerook a Fursday, an' we wid geng an' see hit wirsells, fur wha kens, hit's maybe no kirrsen fur young lasses ta edder see or hear. So we guid, as ye wid say, ta pave da wye. Doo kens we hed twartree airrents ta mak and I tocht it we wid need aa wir time, so I toabid wi Kirsie ta hurry up, bit shu hed dat muckel teddivaatin ta du, ballin' her buits, reddin' her head an' brushin' her goon, it heth, I kent we wid be ahint; hoosumever, we wan in juist as dey slokkid da lamp, bit a ting o' a lass wi a blinkie shawed wis whaar to geng.

"Marta, da lass we bed wi', an Kirsie guid first an' set dem doon, bit I got a venom o' a brokin share, an' hed ta sit apon a vild aige. Da man ahint roared ata me lug ta sit down, an Kirsie harkid, 'Cood doe no come a coarn laicher, Lowrie?'

"Na, says I, I canna win doon, bit I vargid awa' wi' hit fill I got da saet kinda flat an' sat we me hert ita me mooth lippenin' hit ta kerry awa' ony moment. Wi' yon Kirsie nuggid apo' me. I leuks up, an' here wis a grate train comin' fur wis. Oh, man, fur da lick it shu wis gyaan wi'. Kirsie med a yok fur sontin ta had on till, an' didna shu grip da backnek o' da shield sittin afore her; he roared oot, an' shu gae a skriech tu, an' wisna hit a mercy it da driver shuurly hard her, fur he slewed ta stabord aroond da corner, or dan we wid a bune laid in bruck.

"I felt Kirsie nuggin' apo me again. 'Boy, see doo yon!' Ye ken I wis still trivellin ta see if da share sate wis haddin, bit I leuks up an' dare wis a ill-triven-laek thing comin oot o' a hol. Man, hit wis nedder baest or human, bit hed a truunie an' lugs laek tae plates.

I lins me ower ta Marta, says I, 'Lass, what ill trift an a craeter is yon?' Doo kens I coodna hear her very weel, dey wir haddin' sic a din wi' yon pianner, but I tocht shu said 'Maikie o' da Noost'.

"Heth, says I, he's no oonlaek him fur Maikie aye hed a truunie-laek nose; bit, oh man, fur da prettikins it dat ting wroucht. He wis gotten a auld henchigrind o' a coo frae som wye, an' Guid bless me as he opened da coo's sheeks an' played a tuune apon her teeth wi' twa hammers. Hit wis shurly some forin kind o' baste, fur I tink shu hed teeth id da upper jaw tu, bit what I windered at wis, it da bruit stuud still. I wis it wir Rigga hed a stuud as still when I wis gittin' da neep oot o' her trappel wi' da tangle. Bit better cam efter. Didna yon ting (while da coo's jaws wis stented) mak a muck fork, an' laand windlin efter windlin o' strae doon da bruit's trot, fill I be helpid if ye couldna see her growin gritter and gritter, fill all at wance shu burst wi' a shot. I saa Kirsie dukkin' her hed tinkin' som o' da leg banes or da lackie micht a drappid apon her.

"Dan aa yon shenged, an' we saa a boannie ting o' lass juist aboot da size o' wir Janny, an' no oonlaek her edder. Shu wis rinnin' oot-an-in among grate trees sontin laek da Busta gaerdin. I tink shu wis tryin' da hoid frae twa evil luikin pushions o' men it wis efter her. Dey nerely hed her twise, bit shu got aff o' dem, alto hit wisna fur lang; didna shu rin intill a auld hoose laek a skeo, I tink, hit buist a bune a byre sometime, fur dey wir vaigles an' shains it da waa. Hit wis a grate galldrey o' a place an' nae wye ta hoid, so dey shune fan her, an' da haethins nearly rave da claes aff o' her luikin' fur some papers it shu hed. Shu yalled "Help" bit, man dey wir nae body dere. I hears Kirsie saying (she coodna help hersel, alto' it was only a picter), "Oh fur wan meenit o' da tengs apo da skults o' dat venoms." Kens doo shu coodna sit still whin een o' dem gae da lass a knuilt apo da hed wi' a pistol an' laid her cauld cauld asoond, klickid da papers frae her, tied her tae da vaigle an' set aff. Dey wir juist weel win oot whin we hard guns gyaan aff, an' in rins a young shield, I tink hit buist a bune her sweetheart, fur he lowsed da tows aff o' her and shu juist fell laek a bag o' sids. He wis shuurly a oesless moniment fur he kneppid his haands an' leukid up laek a hen skylin fur thunder, an' roars oot, "Oh what shall I do?" Be yon time Kirsie wis apon her feet an' shu yalled till him, "Man, lowse her stays!" An' kens doo shu wis in sic a state it I hed ta hould her on. Da folk aa aroond wis lachin', bit he trooly wis nae lachin'

145

maetter, da lass lyin assond apo' da cauld flags an' a fule staandin' ower her. I wid a raelly laekid till a seen what cam o' dem, bit hit aa fadded oot o' wir sicht.

"Juist apo' da back o' yon, a shield begood ta sing, an' hit buist a bune som baldy thing, fur hit wis a spring tuune. Kens doo I tocht hit ill-contrived o' dem, fur efter wis seein' da lass lying sae ill, hit sood a bune some soalum ting, an' kens doo whin we saw him first, his face wisna gritter as a neep, an' aye comin' nearer, bit afore he wis dune, Guid bliss me as his face wis da size o' ony muck kishie, an' his een rowing aboot atill his head. Kirsie tocht dat he wis makkin' faces at her, an' said, if shu juist hed a naive o' saft leven, heth, shu wid a clatched him atween da een wi hit.

"Boy, Olie, dy een is better as mine. Isna yon Kirsie wavin' her aprin at da gavel o' da byre — "Dat it truly is," says Olie. "So, boy, shu'll be gotten da dener clare, an' we'll hae ta mak fur da hoose an' spaek awa as we geng. As I wis sayin', we saw dat muckle yon nicht it I canna mind da half o' hit, bit I tink da hidmist it cam apo' da blind wis da King himself. I wis pitten on me kep, bit took him aff again, tinkin' he wis gyaan ta spaek ta wis, but he never opened his mooth, so I began to wade fur da door. As I wis andooin oot trow, I saw yon man at wirks da concern — a braw hamely body he is tu. He said "Good Nicht," da sam as I he'd kent me fur years. Says I, "Micht I ax you, sir, what why ye gets dis things its no livin' ta spaek?" "Oh certainly, my dear sir. It is quite simple. You understand that the brilliant light impinging on a selenium cell causes current to flow. This current synchronises with the vibrations of the vocal chords of the speaker, and these vibrations are transmitted to your ears in unison with your optical vision."

"Oh, mony tanks ta you sir, fur makin hit sae plain ta me. Noo, I sall juist tell Kirsie da richt wye o' hit, fur shu's bune treppin' wi' me it hits a grammafon ahint da blind;" bit whin I guid ta look fur her, wisna shu vainished, I cood as weel bune leukin fur a needle in a scroo — I affen winder whaar aa dat mird o' folk sleeps. While I wis scoitin' first ee wye an' dan annider, a peerie shielder cam up ta me. He says, "Ir ye lookin fur onybody?"

"Yea," says I. "A'm lookin fur Kirsie. Shu cam oot dis sam door."

"Weel, hed shu on lang black cots, an' a bonnet wi' strings, an' a lass wi' her."

"Yea," says I, "dat'll be her."

"Right O, hadd yon on dis bag a meenit an' I'll fin her ta you."

"Dat sall I, my jewel." So I took da bag an' he guid aff laek a speerit. Wi yon Kirsie and Marta cam oot o' da sheddow whaar dey wir bune waitin'. Says Kirsie, "Come de wis awa', Lowrie; hits gettin' brawly late."

"Na," says I, "I canna come eenoo fill yon boy comes back. A'm haddin' dis airrent o' his while he's hunsin fur you twa."

So we stuud spaekin a start, bit nae sign o' da boy. Says I, "Dis is no gyaan ta du; — A'm styvnin'. I tink I sall juist set da bag doon an laeve him here."

Kirsie tocht it da dampness micht ruin hit, so I opens da bag ta see what hit wis, an' da Loard bliss me if it wisna juist stanes an' muild. Says I, "Oh dat venom, makin' me staand here haddin' a bit o' Lerook anunder my oxter fur da last half-a-oor." I juist wappit hit ower da Slachterhoose daeck an' made fur da hoose. Yon wis da end o' wir first nicht at Da Pikters.

"So, my Olie, I tink we'll lat da bairns geng, fur alto its kind o' excitin', dir no muckle haerm atill hit noo it we ken da rael wye hit wirks, an' it dir nae witchcraft wi hit."

Lowrie At Up-Helly-A'

I WIS doon at da shop da streen gittin' twa kottin fleur bags fur aprins tid da lasses, whin Mr Jeemson says, "Lowrie, Is doo gyaan ta dis simmer Up-Helly-A' in Lerook, it dey hadd fur da Ospital?" Na, says I, I tink I'll no budder. Olie an' I guid ta see da winter een, an' I hed me a trisht afore I wan back. "Man," says he, "I never kent doo wis ever bune. What wis dy apienion o' hit?" Weel, says I, I raelly canna hae time ta tell you hit aa, bit whin Olie cam alang an' wantid me ta come wi' him ta Lerook a Tiesday an' see dis Up-Helly-A', I laek a fule guid wi' him, alto, hed hit no bune fur da kars, I widna geen a stramp. Ye ken I wis hed a lok o' toremint ita me ankler it I wis skeggled apon a stane, alto Olie held it gyaan aboot wid soople him up.

Onywye, we wan in brawly early id da day, hed wir aer o' mate, an' gengs doon ta see dis boat it hed ta be brunt. Ken you, a bit aff shu leukid no sae ill, bit as I lint in ower her, says I, "My Olie, I widna laek ta be oot tid da wastard athin her whin Runes Hill wis laek a lempit apo' da watter." "Na," says Olie, "nedder wid I, an' dan leuk at dis grate massgoom abune da stammern. Man yon wid a med her tap-swaar." "Dat hit trooly wid," says Olie, "bit staand doo aff a bit, noo dare, wha du's dat pit dee a mind o'?" "I ken no," says I, "aless hit wis auld Adam Manson o' Clivadale whin he gants, A'm shure doo's richt, fur hits da very potreech o' him." "Na, Loard bliss me, Lowrie, sees doo whaar dey dry dir mittens, een at a time apon a waand, coodna da fules strung dem tagidder an' dried dem baith at ee time?"

Wi yon a peerie sheelder wis oagin' atween me an' da side o' her, leuks up ata me face an' yaals, "It aint goan a rain no more." Ken you I tocht hit winderfil it tings laek yon wis noteecin da wadder, so I says, "Na jewel doo's mistaen, he's no biggin up yonder id da soodwast fur naethin, hit 'ill trooly be rain, an dat shune." He juist leuch, an guid on singin' be his tale, "I want to be alone with Mary Brown." "Weel," says I, "A'm no hinderin dee, bit while doo haes her an' if shu's fur ony oese, git doo her ta shoo up yon rint apo dee breeks fur dir trooly needin' hit." Wi yon, Olie gaes me a putt. "Never leet him, Lowrie, yon tuunes it dey hae fur some o dir reels, com dee wis in ower, I hae twartree airrents ta mak afore we get wir tay."

Ye ken we wir bidin' wi' Merran id da Steep Close, so efter Olie wis gotten his airrents an' da tay ower, we sat smokin' and yarning awa' wi' her. All at wance, Merran's peerie Joannie shuts his head in da door an' yalls, "Lowrance, dir a rid gluud ower aa da sky, I tink dir lichtin' up, ye'll hae ta hurry up an' catch dem at da Hillhead." So aff we sets bluid spring up da close, an' wan dare afore dey cam, toe we wir pechin' laek neesiks. Oh man what a mird o' folk wis dare aa staandin' wi' dir neks stratched laek scarffs ta see da torches comin' aroond da auld Bank Hoose. Hit wis aa very pritty, bit kind o' fairsom. Tinks I, if I hed aa da parafeen it brunt da nicht, Kirsie an' I wid need nae mair trow wir time. Dan peerie Joannie plucks ata me, "Come on, Lowrance, an' see da turnin' movement." Turnin' muvment! Heth A'm bune turnin' an muvin' da hale nicht, fur A'm juist haein' ta geng wi' da tide." "No bit dir id da Toon Hall brae." "Weel, weel, my jewel, com dee wis." So we saa da guizers gyaan up an doon, makkin' what leukid (frae whaar we wir) laek lowin' hairpreens. Aa it I windered at wis, it da spunks set na low tid dir claes, bit I saa nane, an' dey guid richt oot be Nort. Says I, "Olie, tinks doo sood we geng efter dem?" "Na," says peerie Joannie, "com doon da close tid da street or you'll no get a place."

So aff we gengs. Da close wis juist packid, an' I wis spaeking awa' ta Olie, an' he never ansered me, dan I noteeced it hit wis anidder man. I hunched aroond a start bit I cood fin nedder hide or hair o' him, so I guid doon mesell. Dey wir won ta da pier an' da guizers wis aa aroond da boat. I coodna win close anyoch ta hear what dey wir sayin', bit I noteeced it every time it yon hed man blew atill a filler dey wir a roar it guid up frae aa da folk. I tink dey wir set fur him, an' ken you I wis blyd ta see it he jamp oot o' da boat in time, or dan dey wid a hed him brunt. Shu med a pritty low wi' aa yon staves atill her, so I waited fill da mast guid, dan I left ta leuk for Olie.

I wis gyaan alang da street an' won ta da fit o' da Gerrishon Close, whin da first it yoks me be da aerm wis da Diel himsell, at laest he wis aa rid, an' hed hoarns an' a tail. I did get a gluff at first, bit tinks I, hits shurly a start frae doo left hame fur I fan nae smell o' brimstone wi' him. Says I, "Ye'll be finnin' hit cauld efter what ye's bune oesed wi'?" "Well, yes," says he, "a little, but there are compensations, for instance the smell of the Lerwick gas, you know, reminds me of home." "Ya dat 'ill be true," says I, "Bit whaar ir ye makkin' fur noo?" "Oh, I am going up to the hall, come along old fellow." Hit's kurrious what coms in a body's mind at times. I tocht apo da auld sang, "Da Diel's awa' wi da Exciseman", an' hoo aesy hit wid a bune till a tane een o' dem, fur dir aye licht body's, whaarby A'm weel apo fifteen stane, bit heth he juist puued me up da close an' in da aest yatt o' da Gerrishon richt tid da door o' da dreel hall. Says I, "What ill trift is dis bleg shaped thing wi' da muckle letters abune da door, Y.M.C.A.?" "Oh that means, You might catch asthma." "Weel sorro stramp A'm gyaan farder, fur A'm seen anyoch o' dir shockin' an hostin'." Bit he wis puued me in trow afore I kent, an' hit wis a job ta win aboot, fur I tink dey wir makkin' ready for a reel. Dey wir a pooer o' guizers apo da fleur, every een wrastlin' wi' a lass, shivin' an puuin' her aboot trying ta get her in her richt place, bit dey wir makkin' nae endwye, toe da fiddle wis playin' awa' aa da time. Da Diel he juist left me as shune as we cam in. He yokkid a lass an' begood shivin' her aboot da sam as da rest o' dem, yon wis da hidmast I saa o' him.

I wis staandin' leukin at da screed o' young lasses it wis dare, da maist o' dem wis id dir neist claes, bit dey tocht naethin o' dat, whin a man wi' a lum hat an' a buik cam up ta me an' begood whestinen me aboot me income, an' if I guid tid da guttin', an' what speed I guid ahead whin I wis gyaan astarn. Says I, "Wha ir ye, onywye?" "Don't you know that I am the Tax gatherer?" "Oh weel," says I, "Gadder you awa'. If you want partiklers, geng you tid da Perish Coonsil, dey hae buiks fur da purpose. Bit I warren you're no seen Olie?" Says he, "I micht, had he a nic-name, and what was his displacement?" "Na," says I, "quite yer foley." "Well, well, according to Einstein's theory and the latest horoscope, you will find your friend in the Rechabite Hall right up from the Market Cross." Heth I tocht da man wis maybe richt because Olie spak aboot som friends he hed id dat hall so I maks doon tid da street.

I guid up da fit o' da Bakers Close, an' whin I wis won a bit abune da waal, I hears da reens o' dem. Tinks I, dis 'ill be da Rackabite Hall richt anyoch. An' juist as I reckid da door, doon da stairs cam poorin' a crew o' trawlersmen, everyeen wi' a lass. Dey wir makkin' fur a entry at da fit o' da stairs. Says I ta mesell, lat ye da trawlersmen alane fur kennin da best place ta geng, edder athin or athood da leemit, so I juist waanders in alang wi' dem. Man dare wis tables set laek a hotel, an' ladies gyaan aboot seein' it everyeen hed anyoch. I begood till a truncher o' sware kind o' brunnies wi' whitnin apo da tap. Ken you dey tasted no sae ill, bit dey wir fushonless an' med me tristy, so whin een o' da ladies axed me if I wid hae tay, coffee, or water, I sade water. So shu haands me a gless an' bade me tak hit oot o' da sifon. Never a sifon I saa, bit dey wir a muckle glass bottle wi' a dooble spoot richt afore me. Tinks I dis 'ill be da watter, so I tries ta pooer oot a gless, bit sorro a drap I cood get.

Dan da trawlersman neist ta me (I tink hit wis da skipper fur he hed a lang white smookie an' a hard hat), says he, "Man, press the button." So I du's sae, an' da Loard bliss me as he cam oot wi' a frush laek a whittrit. I shook him, an' tried ta clumpse da haethin, bit da mair I birzed, da mair he frushed, hit wis reebin' doon ower aa dir faces, rinnin' id da lasses bosums, an' skeetin' tid da end o' da table. Dey juist raise in a boady, da sam as dey wir gyaan ta sing a hime, bit roarin' at me aa da time. Yon skipper boady wis even quotin' Scripter, bit I never leeted, I wis dat blyde it da gless haethin wis turned machtless, fur he gae wan scruel an' stoppid. Da hale crew guid an' left me (shurly ta dry dem) so I ute awa' what wis athin reck, fill a lady wi' glitterin things oweer her cam alang. She says, "Your swad has gone." Says I, "What swad?" "The trawlersmen." Says I, "A boannie swad, saad sicht be seen apo dem, dir cleened up wir bit o' haddock grund fill noo dir no a peerie skate da size o' a truncher ta be fun apon hit, bit A'm gyaan aa da sam." I tink shu didna tak up ita what I wis sayin' bit I med oot trow.

I wis juist won tid da door an staandin' tichtin' da mulders oot o' me whiskers, whin a lok o' auld wives cam galdering in trow, an' I be helpid if da first een wisna Auld Nanny o' da Daal, wi' a piped mutch, an' her kot preened up ahint. Ken you, I tocht shu wis geen cleen gite, gyaan schullin ower da fleur apo da tap o' her spinney wheel turned boddam up a lok nimbler as you or I. Juist as I turned me ta ax a jantleman it wis staandin' dere if he kent whan Nanny wis taen yon wye, I hears a roar ita me lug, "FORE, Granny's Scooter," an ken you afore I got slewed aroond, da legs o' da wheel gae me a dunt id da smaa o' da back an sent me scootin' oot da door. Heth, Am' no da better o' hit yet. Tinks I, dis is nae place fur me so I maks fur wir ludgins, an' dare I fan Olie sittin' neebin' ower da fire. He wis bune ower half o' da toon leukin' fur me. Says I, "Come dee wis furt an' see if we can fin wir driver, dir truly nae fules laek auld fules.''

We got a hadd o' wir man at da Cross, an' med fur hame. Bit, man, dir far mair it I haena time ta tell you, fur Kirsie an' da lasses 'ill tink it A'm wilt. Dis is a shooin' nicht, be dir tale, an' di'll be needin' da flooer bags.

So, guid nicht, an Guid be wi you.

Da Truith Aboot Da Wallrush

SETTERDAY, ye'll mind, wisna sic a ill day id da moarnin' pairt, so I gengs as far as da hame paets fir twartree ta sare wis ower da helly. On me wye back, I sees Olie comin waanderin alang da banks, kerrying a barrel skow in his haand. Says I. "Whaar'd doo been traekin till id da moarnin'?" "Man," says he, "A'm no been dat far, only da lent o' Selkie Gio, seein if dey wir onything drivin, bit sorro thing I see bit dis," an he haads up da barrel skow.

"Boy, I warren doo didna come across da Wallrush on dee traevels?" "Na, I hed na sae muckle luck. Man, Lowrie, what a wark is been ower da bruits id da papers. Heth, it pat me mair in mind o' da wye it dey follow up dis Black Kings an Princes whin dey tak a trip ta Breetain, tellin dee whar dey bid da tae nicht, an what dey hed fir dir brakwist, an whaar dey wir headin for neist, if dey wirna shot or dune awa wi afore dat. Bit, noteeced doo yon hidmist bit whaar dey taald wis aa what da craeter üte?"

"Yea, dat did I; bit my Olie, saa doo it dey never said wheest aboot what he drank? Noo, A'm gaein ta lat dee intill a sacret, doo needna tell onybody, bit juist lat dem fin oot fir demsels what pat da ugly bruits here. Doo knows, aboot six weeks sin syne, dey wir a pooer o' whisky fun aboot da banks, aa in iron barrels, an what wis fun is naethin to da hunders it wis laandin in shalmillons apo da rocks. What cam oot o dem juist made da sea aboot da shore what ye wid caa drinkable. Yons what made dem lepp in aboot da rock nose. Doo minds da fok it saa dem and wan near ta dem sed it ta dusks o' een wis aa brokken an splintered. Noo, what's dat been bit him juist trying ta brooch da iron casks afore dey laanded? An wha can tell hoo mony he's laid his tusks trow, fir dey seem ta be awful blyde o' hit. Muckle Jamie wis tellin me it dey wir twa casks it laanded apon a pretty saand ta da wastard; so, een o' yon King's men guid dere ta pit da sellin-wax apo dem, bit he saa it dey coodna be gotten oot o' dere athoot a pooer o' expenses, so, heth, he poors dem baith oot apo da beach, a hunder gallon o' da rale MacKie. Weel,

Jamie's boy guid tid da place nixt moarnin', (shurly oot o' kürriosity), an here wis twa Wallrushes lying apo da saand, debateless, een o' dem keeping time wi his flippers, while da tidder een wis whisslin sontin laek, 'We won't go hom til moarnin',' an dat een looked da very eemage o' Aandrew o' Norttoon, da moarnin' efter Ellie's weddin'. Bit, yon boy's a leear, ye canna beleeve haff it he says.

Onywye, da Wallrushes cam efter da whisky, dey can say what dey laek. Bit, dis'll no doe, Kirsie 'ill be staandin' id da door scoitin ta see if A'm lost. Doo kens shoe wis bakin, an needin dis twa paets. So A'll see dee agen, bit, keep dee wadder ee liftin fir Wallrushes.''

Spring Cleaning

HETH, I hae a guid mind ta sell aff every stik o' furnatir I hae, an tak a croft agane. Dis Lerrick wyes canna shoot me ava, if hit wis fur naethin bit dis conteenwill cleenin. Ken you, da guidwife an me hed twartree wirds aboot it een o' dis days. Nane o' wis ower weel plased, bit I tald her what I hed ta say, an heth shu did da sam. I sal try an mind apon hit an pit it in verse ta you. Bit whin dis fivver taks dem, I say, Men! lave da hoose, an tak her maet furt fur

Jarm —

Whaar in dis hoose ir dey a place
It I cood get a moment's pace,
Aa ting is in an awful maes
Whin wir Guidwife's Spring-Cleanin.

I canna dip me in a share
Athoot some toucht an muckel faer
It saep or paste is lyin dere,
While wir Guidwife's Spring-Cleanin.

Me bits o' claes is torn aboot,
A'm puzzled whar ta fin a cloot;
Fur aa I ken, me shiftin suit
May turn ta swabs fur cleanin.

I quickly open up da door
As I hed affen dune afore,
Bit as I entered, cam a roar —
"Boy, com at pace, we're cleanin."

A clatch o' paste apo me hed —
I toucht a lok, bit naethin sade —
I turned tail, an aff I sped,
Do'il sit apo dir cleanin.

Ta you its fun, ta me its cruel,
Suppin plester wi me gruel;
Laek pent, da tay tastes, as a rule,
Whinever dey ir cleanin.

Whin makkin up da stairs da streen
I micht as weel hed steeked een,
Me claes wis pented blue an green
Wi dis infernal cleanin.

I hardly ken me hame ava
Wi planks an tresses roond da waa,
Ower pails an swabs I affen faa —
Ill sunce ta aa dis cleanin.

Whin I hed spokken as I toucht
Apo me hed her wrath I broucht,
Trath, I got mair dan I hed soucht
Whin I described Spring-Cleanin.

Fur dis is hoo shu lichted till
Da whestion shelved, as women will,
Bit aa da sam I got me fill
Aboot dis plaiged cleanin.

Willa —

Hoo cood you puir men-craters plan
'Boot hoose an hom, as women can?
You'd aa be daft, yis, every wan,
If it wisna fur da women.

Nedder dust or dirt you ever see,
No if it took you ta da knee;
An spick an span you'd never be
If it wisna fur da women.

Wha shues da buttons on your sark,
An wirks fur you frae moarn till dark,
Wha haes da dugs, bit still maun bark? —
Your little toucht o' women.

Wha cooks an mends da livelang day
While you're at wark (I sood say play)?
I kno you'd hae a langer day
If it wisna fur da women.

Your day is done at five o'clock,
Nae mair ta du bit aet and smok;
Oh; men you ir da weel aff fok —
Provided you hae women.

Jarm —

I lissened on, no wi me will,
In silent sat, bit tinkin still
If I'd juist hed aboot a gill
Shu'd hard some yarn 'boot women.

Says I, wha staands fur rent an claes,
Whin grocer's paid, he naethin haes;
Wha fins he'd need da wind ta raise
Ta decorate dis women?

Wi aa dir frills an short cut frocks
Dir stoles, an fleshy-coloured socks,
Ye canna winder I get shocks
Whin payin fur dis women.

Willa —

Says shu' wha gengs da daily roonds,
Maks pennies du, whaar men need pounds?
Your purse wid shune be oot o' bounds
If it wisna fur da women.

We scrape an pare ta mak things lest,
Trow mony a nicht, wi little rest;
Wha gets da tanks, even at da best?
Hit's no da puir slaved women.

Jarm —

Yis, slaved indeed, wi needless toil,
Da toucht juist maks me bluid ta boil;
Free I wid be o' dis turmoil
If it wisna fur da cleanin.

Da bed wis shifted frae da waa,
An in da dark I never saa,
Bit oot ower I gengs, hed-de-craw,
Oh; twee-de-shay dis cleanin.

You needna search fur button hook,
Fur strops, or tie, neckstud or book,
It wid tak aa Scotland Yard ta look
An fin things while dir cleanin.

Dey mansion-polished aa da floor,
Fra shimley sheek ta ooter door;
Da lump apo me hed's still sore
Nocked up as I guid slidin.

An yet nae man can understaand
Why women taks dis job in haand,
A man wid tackle sea or laand
Afore he'd start Spring-Cleanin.

It's my belief, whin dis life's o'er,
An women up ta Heeven soar,
Dey'll shaest Auld Peter oot da door
An start at wance — Spring-Cleanin.

JARM.

Jarm's Haircut

WIR Betty shu's been at me,
Noo fir a mont or mair,
Ta geng an get a dacent shave
An clip and trim me hair.

Bit da streen whin I wis cobblin',
Shu plaigged oot me life,
Whin da hair began ta wup aboot
Da ellishon an knife.

Lass, Betty, will do haud de tong,
A'm maakin fir da toon,
Me papers aa hae ta be syned
Upo' da twalt o' June.

I'll geng alang a barber's shop,
An get a shave an stoo,
An since do bids me ack da Jant,
I'll maybe come hame foo.

Na, Loard forbid, bit stoo do needs,
It's noo nine mont an mair,
Sin raazor wis apo' de face,
Or sheers 'ithin de hair.

Da kar just passes wir daek end,
At twal' o'clock, dey say,
Awa' an pack de builliments,
An geng dis very day.

When I got in ta Lerrick,
It wis late apo' da day,
I axed a peerie shielder,
Whar dis barbarous man did stay.

He said, "It's at da nort end,
Bolow a flecked powl,
Awa' an get de hair cut,
Do needs it, be me sowl."

I fan da place an waandered in,
I took in what I saw,
Dey wir ower a dizzen JARMs
In da glesses on da waa.

Apo' da skelfs wis bottles,
An jars baith grit an smaa,
Laek what am seen at Xmas,
In da ben press at da Haa.

I grippit up a paper,
As I saw da idders du,
An luiked at da picters,
Till me een wis faain' tu.

An dan I got up wi' a start,
As a shield wi' reddy hair,
Cam an tipped me on da shooder,
An pointed till a shair.

"Your turn, Haircut", oot he snapped,
Faith, tinks I, dat indeed,
A man it's oosed wi' clippin' hair,
Could shurly see da need.

I naetin' said, and in a blink,
He fetched an shook a sheet,
Afore I could say, "TAM RUSSELL",
I wis kled frae neck tae feet.

Wi' a smaa teethed kame wi' handles,
He started ta me fleece,
Bit as he reached da croon or tap,
Da speed it did decrease.

He recked fir da muckle sheers,
I kent da shield wid tire,
Fir up aboot da wharrals,
Da hair wis mair lik wire.

He keepit spaekin' aa da time,
It could as weel been ta da dugs,
Fir, de'il ocht I could hear, ava,
Fir da clickin' roond me lugs.

An dan me billy laid on leead,
His wark he did na funk,
Fir in a moment dere sat I,
Wi' head lik Catholic Monk.

His tongs an sheers dey keepit time,
O' news he seemed fair foo,
Just as he finished cam a lull,
I heard him say, "SHAM OO".

Na feth, says I, it's no sham oo,
It's guid an tick broon hair,
An it's aa me ain, as ye can see,
I never a wig did wear.

"I meant a nice refreshing wash,
A shampoo, dandruff clears,
But, please yourself, I won't insist,
You're broke now, it appears.

No ta be bate, I said, geng on,
I'm here ta get a stoo,
I'll lave me head i'ta your hands,
To' I see dir brawly foo.

He clicks a bottle aff da skelf,
An anoints me very skull,
Dan gubs it up, intill wi' froad,
Me hair wis standing full.

An dan he wishes aa yon aff,
An tears and rubs again,
Atween het cloots, an cauld cloots,
I tocht he's no lave skin.

Me sittin', never tinkin,
I got a gluff an scare,
As back-ower wi' a dirl,
Guid I, an sae da shair.

He clapped a cloot below me shocks,
An brushed frae lug tae lug,
Trow saep me nose wis standin',
Lik FITFUL in a fog.

I felt a kittlin' in me trot,
An cood spit-no i' da shop,
I gae a craikse an backdra,
An wis clumpsed wi' sented soap.

His knife wis sharper dan me ain,
Da hair cam aff in brooks,
I tocht da lad wis odious kind,
As he praised up my guid looks.

He skeeted water in me face,
An greased me sheeks an shin,
Dan rubbed me doon wi' paper,
Fill I wis sheenin' lik a tin.

He bade me luik i'ta da gless,
An lauched, "No Shange", he said,
Yah, Feth, dey ir a muckle shange,
I fin' it on me head.

I could na don it better,
Hed I tried frae noo ta Yule,
Me sheeks whar aa da hair hed been,
Wis lik a bairn at da skule.

Whin setisfeed wi' my auld face,
He bent doon ta me lug,
An harkit, "VIBRO", I said, yea,
An gae a bit o' shrug.

I tocht it wis a fancy drink,
Or some refreshing wine,
For efter yon performance
I could du wi' something fine.

Bit, less, my hoops wir shattered,
I got nedder bread nor wine,
He juist reckit fir a hammer,
Hung frae da ruf wi' twine.

I tocht da de'il wis i'da man,
As he clapped it ta me skull,
Wi' edder BEES or HUNDY CLOCKS,
Da plaigged thing wis full.

He keept it gaain' aa ower me head,
My face just like a cloot,
In case he pu'd da trikker,
An lut da BEES get oot.

Bit da langer aye da better,
I felt anidder man,
It took oot every peel o' yuk,
An revived me harn pan.

I felt just ten year younger,
An dat licht at I could flee,
I keekit ower me shooder,
Me sprootin' wings ta see.

Bit aye da tocht wis in me mind,
Hoo muckle I wid pey,
Fir aa dis wark and kindness,
I wis gotten here da day.

Da shield he red me very tochts,
For dere wis da amount,
Hung up apon a muckle sheet,
A brawly big account.

I see it's gey expensive,
Dis cuttin' o' da hair,
Hed I ta du it affen,
I wid hae ta sell me MARE.

Yon shield he is a smarter,
Der nocht he canna du,
Noo coming on ta clippin' time,
I wid lik him in wir CRO.